LA MARAVILLOSA MUJER DE UN PUEBLO MOJADO A LA IZQUIERDA DEL MORRO.

"Hablar de la mujer que te trajo al mundo, como parte del proyecto evolutivo del Supremo Hacedor del Universo, no es una tarea tan difícil. Lo que sí se convierte en una inmensa satisfacción personal, es dar a conocer su legado, forjado en medio del fuego de la Vida y a veces dentro de fuegos tan ardientes que ante su desaparición física, sus huellas son visibles en sus continuadores, sin que ninguno de ellos sienta vergüenza de sus marcas. Por el contrario, las pueden exhibir con orgullo. "

Daniel Mena.

La Maravillosa Mujer De Un Pueblo Mojado A la Izquierda del Morro.

Primera Edición. Julio del 2018. Santiago de los Caballeros, República Dominicana.

Relatos de una guerrera en el Buen Vivir y el Bien Hacer, Doña Negra: Vivió, Murió libre de Maldad.

LA MARAVILLOSA MUJER DE UN PUEBLO MOJADO A LA IZQUIERDA DEL MORRO.

Dedicatoria:

Esta obra lleva varias dedicatorias, resumidas de la siguiente manera:

Primero, a mis tíos y tías fallecidos: Leónidas Mena Belliard (Tío Lión), Florencia Mena Belliard (Tía Flora), Andrea Mena Belliard. Benancio Mena Belliard y Saturnina Mena (Tía Nina). A todos, post mortin.

Segundo, a mis tíos y tías vivos: Juana Mena Belliard (Tía Juana). Arsenia Mena Belliard (Tía Chenga). José Alejandro Mena Belliard (Tío José). Jesús Mena Belliard (Tío Chule). Susana Mena Belliard (Tía Susa) y Santo Mena Belliard (Tío Santo).

Post mortin, a mi Madre, Ana Mena Belliard (Doña Negra), protagonista de estos relatos y enseñanzas.

A mis abuelos fallecidos, Ana Celia Belliard de Mena (Mamá Ana Celia). Bertilio Mena de la Cruz (El Viejo Berto). Blas Martínez Sosa y Ana Rosa Estévez Sosa (Mamá Chochó)

Para todos los descendientes de José Eugenio Belliard y Telésforo Martínez. Vivos y muertos.

Para mis hermanos de padre y madre; mis hermanos de padre y mis hermanos adoptados por mi madre. Para todos los descendientes de los hijas e hijas de mi madre, carnales o no.

LA MARAVILLOSA MUJER DE UN PUEBLO MOJADO A LA IZQUIERDA DEL MORRO.

Prólogo.

Por el Licenciado Juan Álvarez Diep.

Hay dos verdades que, para llamarle de alguna manera, diré que son irreverentes en esta obra literaria *"La Maravillosa Mujer de Un Pueblo Mojado a la Izquierda del Morro"* que más que ser escrita con las manos, es fruto del corazón.

La primera palabra es que todos los estereotipos de héroes que conocemos por lo general son musculosos, fuertes, fieros. En una sola palabra **HOMBRES,** y la otra palabra o idea es que en términos globales, lo que es humanamente comprensibles y hasta en términos normales, todos los individuos admiramos a la **MADRE.** Así que desde el inicio esto presupone un reto en las manos del escritor de elevar hasta nuestra comprensión qué hace tan diferente a doña Ana Mena Belliard (Doña Negra).

Daniel Mena nos hace entrever a lo largo de esta obra, que los ángeles existen y que pueden ser de cualquier color, incluso hasta se les puede titular de un apellido; que se puede vivir en libertad y se puede morir sin maldad, una vida que es una oración al Padre y un perfume derramado sobre el altar del holocausto de Dios.

Entre los relatos que entrelazan la vida de doña Negra, se puede ver el origen mismo de una familia que puede ser rastreada hasta la misma Madre Patria, mostrando su influencia en la Historia de nuestra isla y en la determinación política de toda una raza. Ahí en ese escenario se levanta una mujer determinada a vivir en integridad donde no hay espacio para la queja y por demás a crear una descendencia que forja con sus propias manos, cuya única esperanza radica en la fe de su trabajo.

97 años sin tomar atajos solo dedicados a lo que considera correcto; a lo que sí tiene valor a lo que sí importa.

En una localidad rural de nuestra patria donde el Sol quema el lomo del labriego y donde no queda espacio para lo superfluo, ni las decepciones, solo el accionar de ir hacia adelante a pesar de vivir acechado por la tragedia, la pérdida, la soledad y la dureza de la vida.

¿Cuál es el valor de una vida? ¿Cómo luchar y enterrar el dolor, pensando que no hay tiempo para exigir, sino que lo que nos toca es dar y soportar cada embate con entereza con coraje y determinación?

En cada argumento, de cada relato aquí presente encontrará una obra llena de perdón; ***una mujer que tuvo la capacidad de modificar su realidad*** y la firme convicción de amar hasta a los que te hace mal.

Cada vivencia expresada por el autor refleja la formación misma de alguien que le enseñó a amar la vida, de guardar la dignidad, de ***comprender que hay temas innegociables,*** en donde todos estamos improvisando la vida que nos tocó vivir y aprendiendo en cada paso; que no hay fórmulas mágicas de cómo hacerlo; de crear riquezas o ser felices, que el mayor premio es el ejemplo; la vida aferrada a principios y que toda inteligencia proviene de Dios, estando la abundancia bajo su control.

El escritor nos invita a ***ver en lo simple lo hermoso;*** a encontrar la sabiduría fuera de la docencia y de ***aceptar lo único que importa: lo moralmente correcto, a defender los principios en lo que cree; a amar tu tierra y defenderla y que el Amor es la mejor amalgama en una familia.***

Desde allí donde las lluvias son escasas en un rincón de una isla del Caribe, ***"El Pueblo Mojado a la Izquierda del Morro"***, se nos muestra el valor de la entrega voluntaria, el no pelearnos con nuestra realidad sino más bien, gritar a todo pulmón al Creador por llenar nuestras manos de Él, encontrando la felicidad en lo imperfecto y que la vida no es justa pero si gratificante; que no hay nada mejor que vivir con la seguridad en Dios, que quien ama corrige y que también existe una genética adquirida en el alma, impalpable y tan real como Dios mismo.

¡Nos sentaremos en el Morro y miraremos hacia nuestra izquierda y a lo lejos en cada gota de rocío en el ir y devenir de las olas veremos la imagen de Una Maravillosa Mujer que a base de empujar la vida, supo hacer una cosa, muy, pero muy bien, Saber Vivir!

Prepárense a recibir bálsamos para las almas. Esta obra te quitará las excusas, dándote razones para agradecer La Vida.

Deferentemente,
Licdo. Juan Álvarez Diep.

LA MARAVILLOSA MUJER DE UN PUEBLO MOJADO A LA IZQUIERDA DEL MORRO.

Introducción.

El año 1995 marcó para mí una etapa supremamente hermosa. Inicié lo que podría llamar el ejercicio del oficio estrechamente ligado al gran propósito de mi existencia: Escribir obras literarias.

Ese año, siendo el Juez Presidente de una sala penal de mi país, la República Dominicana, publiqué un breve ensayo el cual denominé "Manual Para Defensas Criminales."

Aquél primer hijo literario, me trajo grandes satisfacciones. Nació de inquietudes de un grupo de estudiantes de la Universidad Tecnológica de Santiago (Utesa), quienes al escuchar una conferencia dictada por mí, a invitación de la naciente asociación de estudiantes de ese centro de altos estudios, me dijeron que sobre ese tema era muy poco lo que se había hablado y escrito.

Fui motivado por amigos y amigas, tanto estudiantes como colegas abogados, para publicar la conferencia en el periódico La Información, rotativo histórico de la ciudad de Santiago de los Caballeros. Mandé la publicación.

Ante el interés desatado por una simple conferencia, se me sugirió que hiciera un pequeño libro, ampliando el tema. Asumí el reto propuesto, recogiendo los posibles aportes para la obra concebida.

El señor Carlos Peña, familiar político nuestro, apoyó la idea, sugiriéndome buscar a unos jóvenes informáticos, los cuales tenían sus oficinas al frente del antiguo palacio de justicia de la ciudad de Santiago, en la esquina formada por las calles 16 de agosto y san Luis.

Esos jóvenes, conocedores de los primeros programas informáticos computacionales de la época, se emplearon a fondo, para que yo lanzara mi primer libro al público.

Hice una obra sin parafernalias, con una portada sencilla. Luego, por iniciativa de Don Carlos, una vez terminada la redacción, con sus comentarios, la obra fue editada en la editorial Maxan de la ciudad.

Don Carlos, a quien agradezco el gesto, se encargó de que todo saliera bien.

El libro salió. Preparé el lanzamiento de mil ejemplares, sin mentalidad de producir dinero. Para mi sorpresa, la obra se agotó en los primeros meses. Sin embargo, dejé pasar el boom, sin producir una nueva edición.

En el año 1996, habiendo dejado el cargo de la justicia, me tocó subir a la ciudad olímpica de La Vega, cercana a la ciudad de Santiago de los Caballeros, intempestivamente me encuentro que en la parte de afuera del palacio de justicia de esa ciudad, mi obra estaba siendo vendida a los abogados y abogadas. ¡Era una edición con una portada en otro color del contenido igual de la obra!

Cuando me percato de la obra, recordé que unos colegas amigos de esa ciudad, me habían informado de la compra que hicieron del breve ensayo. No le hice caso, por las razones explicadas.

Me acerqué al joven vendedor. El libro le fue colocado una portada azul. La edición original era una portada en amarillo, de la cual conservo varios ejemplares.

Cuando levanto la obra, empezando a hojearla, ciertamente el contenido era el mismo.

Dejando pasar desapercibidamente el momento, le pregunto al joven por la obra, hablando bien de lo que había leído. El joven, sin saber nada con quién hablaba, en una sonrisa de satisfacción, me dice que esa era una de las obras más buscadas de las que tenía.

¡Había vendido cerca de cinco mil ejemplares!, me dijo. Sin aún decir nada, felicité al joven por lo bien que le estaba yendo con las ventas.

Al decirle eso, le pregunto si conocía al autor del texto. Me dijo que no. "Solo me dijeron que era de un profesor de una universidad, abogado y ex magistrado", expuso.

Me le acerqué un poco, esta vez más amistosamente. Informé al joven que yo era el autor de la obra. Cambió el color de su piel, al decirle que me habían dicho que el libro fue pirateado. Se puso muy nervioso. Hasta me dijo que no lo metiera preso.

A pesar de saber que estaba confirmando el pirateo de la obra, ahí mismo le dije al joven que continuara vendiéndola.

Le aseguro que ese simple ensayo me lanzó con fuerza al mercado literario. ¡No es una obra del otro mundo! Sin embargo, ella me mostró que iba a ser exitoso escribiendo.

De ahí en adelante, continué mis labores de abogado en ejercicio, al que regresé a partir del mes de enero del 1996.

Aquél descubrimiento del pirateo, afianzó los trabajos de la que fue mi segunda obra literaria. La titulé La Policía Judicial Procesal, de la que van varias ediciones.

Tanto en la primera como en la segunda, escribí sobre temas con pocas fuentes bibliográficas, por lo tanto, las demandas serían mayores. Esa elección me impulsó a ver en el oficio de escribir una posible fuente de ingresos.

LA MARAVILLOSA MUJER DE UN PUEBLO MOJADO A LA IZQUIERDA DEL MORRO.

Efectivamente, mi primer gran libro que fue la segunda obra, también produjo su impacto. Se vendieron cientos de ejemplares en poco tiempo.

Recuerdo que en una ocasión, recibí comentarios desalentadores de algunos colegas abogados, cuando decidí entrar al mundo de las opiniones en los medios de comunicación. En esa ocasión solo atiné a decir que apenas era un comienzo.

Tanto en aquellos años como ahora, nadie puede ejercer influencias en mi determinación de lo que creo entra en lo que se puede definir como sueños o propósito. El mundo está lleno de ladrones de sueños, resultando muchos de ellos gentes programadas para la mediocridad.

Se lo puedo asegurar que esta obra de mis primeros relatos cortos, marca una de la más excelsa satisfacción personal y espiritual.

La razón la explica el hecho de que ***estos relatos, me sirven para dar a conocer a una mujer inmensamente grande, especial y única en mi vida: mi santa madre, Ana Mena Belliard (Doña Negra).***

En los relatos que van a leer, comprenderán y conocerán la magnitud de muchas de las acciones de una mujer campesina, humilde, iletrada, pero fuera de serie.

En un primer momento, acuñé la idea de hacer una novela sobre mi madre, la cual descarté.

Nadie conocerá de estos relatos hasta que no les sean presentados a quienes aparecerán comentándolos, a los fines de publicarlos. Nisiquiera mis hijos, nietos de mi madre, mientras no llegue el momento, conocerán de los emocionantes contenidos esparcidos en estos relatos, los cuales tienen el poder de ser expuestos en primera persona, lo que le agrega un sello impoluto, porque como dice el escritor, amigo nuestro, Ulises Feliz, autor del libro ***"Prefiero Ser Rico y Honrado", los testimonios tienen más fuerza que los conocimientos.***

He confeccionado doce relatos, con ideas entrelazadas, los cuales se encuentran estrechamente interconectados.

El título de la obra está siendo explicado en la primera parte de la misma, acogiendo las excelentes observaciones de mi hermano y amigo Licenciado Manuel Miranda, de quien incluyo al finalizar el texto, algunas interesantes opiniones. Igualmente, las expresiones de mi hermano, amigo y colega Licenciado Rafael Bueno.

No hay, como en mi novela La Marca de los Ángeles, coincidencia en la cantidad de los relatos. Los lectores y lectoras más despiertos entenderán al final por qué son doce.

Los relatos constituyen testimonios en primera persona, sin expresiones puramente narrativas, sino expuestos como crónicas, los cuales se encuentran corroborados ampliamente.

Con relación a los datos de familias ancestrales, aun cuando acudo a citar autores de obras leídas e investigadas, el foco de atención de esta obra lo mantengo en afirmar las enseñanzas de una mujer que supo saborear la vida, hasta en los momentos donde la hiel pudo ser el sabor que las circunstancias.

Por otro lado, excluyo expresiones negativas en los relatos. De lo que percibo como errores, no los destaco como tales, sino que ellos me sirven para comunicar algún tipo de enseñanza personal. Errar confirma y reafirma nuestro proceso evolutivo emocional y espiritual.

En consecuencia, mis palabras no tienen a nadie como destinatario o destinataria, habiendo usado un lenguaje universal, por lo que una persona de La India, de España, Roma, Estados Unidos, Rusia, Haití, Argentina, Israel, Francia, Inglaterra, Canadá, Portugal, Grecia, China, Alemania, Italia, Madagascar, Japón, entre otros países, puede hacer usos de las enseñanzas de esta obra, puesto que hay una historia universal que une a cada ser humano, sin importar en qué parte del planeta viva, ni qué circunstancia esté viviendo. Somos semillas de un mismo árbol; productos de un cosechador universal.

Esta obra no solo constituye una manera de escriturar parte del legado espiritual de mi madre, sino que la obra en sí misma entra en la categoría de libro para promover el crecimiento general de las personas.

Cuando formalicé la sección **Daniel Mena Creando Futuro en mi página de Facebook**, como explico ampliamente en el **Relato 12,** mi idea principal fue crear un texto de crecimiento personal.

Durante un buen tiempo estuve subiendo reflexiones, sentando las bases de este texto que ahora usted se encuentra leyendo.

De manera que esta obra no solo contiene relatos de la protagonista que es doña negra. Su contenido es válido para el que se los quiera apropiar.

Al leer estos relatos, usted puede sustituir cualquier nombre en los mismos, apropiándose de los textos, si encuentra que ellos pueden ser asimilados e incorporados a su vida práctica.

Ese es el espíritu principal de la mayoría de las palabras escogidas por mí.

Las enseñanzas de **"La Maravillosa Mujer de Un Pueblo Mojado a la Izquierda del Morro"** no son exclusivas del relator de este texto. A partir de su divulgación, los destinarios son las personas, en cualquier país del mundo, sin límites de fronteras planetarias.

Puedo asegurar que el estudio de los pormenores de mi madre, una mujer sin instrucción escolástica, me ha permitido saber que los seres humanos lo que manejamos o nos hacen manejar son esquemas limitantes de nuestro potencial.

Por esa razón, "Cuando me deshice de algunos de mis esquemas limitantes que me hacían creer un producto terminado, empecé a dar los pasos hacia mi

libertad absoluta, sin aceptar que el destino al que llegué sea mi destino final."
Cito las palabras en comillas siendo mías, porque han sido de las más leídas en mi sección en Facebook Daniel Mena Creando Futuro, según me reportan los manejadores de la cuenta.

Utilizo una manera infalible para avanzar en la vida, cuando los problemas parecen no acabar: responsabilizarme por todo. Si todo salió bien, es mi responsabilidad; si todo salió mal, es mi responsabilidad. Eso sacó de mi cabeza una serie de marañas formadas durante el desarrollo de la existencia, lo que terminó provocando el acontecimiento de mayor impacto personal: el encuentro o reencuentro conmigo mismo. Al obtener ese logro, descubrí que nunca he estado solo.

Como dije en otras de mis obras literarias, el futuro que vi al crear la sección ahora es mi presente.

Mi Misión como Escritor no es vender libros, sino impactar y transformar almas.

Abran sus mentes, sobretodo quienes conocieron a esa hermosa mujer de pelo y color negros, con alma de querubina, debido a que informaciones desconocidas para mis propios hermanos y hermanas, familiares, amigos, amigas y relacionados de mi madre, se relatan aquí.

Explicaciones Introductorias: LAS RAZONES PARA EL SURGIMIENTO DE LA OBRA.

¿Por qué y cómo surge la obra?, "La Maravillosa Mujer De Un Pueblo Mojado A la Izquierda del Morro".

Tanto el autor como doña Negra somos de un pequeño y laborioso pueblo llamado El Pocito. Aunque ella nació en Bohío Viejo, cuna inicial de la familia Mena Belliard.

Estando en la iglesia Católica Santa Lucía, de la que mi madre fue miembra hasta el final de sus días, en la misa de su segundo año de fallecimiento, invité a varios amigos y familiares a tirarnos fotos en la parte frontal de la espectacular capilla de la iglesia.

Dentro de las fotos, algunas eran las denominadas selfies, tan de moda con el uso de los teléfonos celulares inteligentes.

Al momento de tomar las fotos, le muestro a Renso Honoret, un amigo a quien mi madre quiso como si fuera uno de sus hijos y a su sobrino Francis Honoret, quien nos acompañaba, El Morro de Montecristi, precisamente a la izquierda del lugar donde tomábamos las fotos.

"Miren qué hermoso se ve el Morro de Montecristi desde este lugar", le dije a ellos, mientras señalaba con el dedo índice hacia la protuberancia del Morro. Se puede avistar desde el cerro de la Virgen del Pocito.

En la misa del novenario de la muerte de mi madre, algunos de estos relatos fueron concebidos. Incluso, estuve a punto de darle una sorpresa a mis hermanos, hermanas y familiares, produciendo un pequeño libro, con este tipo de narraciones.

Sin embargo, como me he tomado en serio mi pasión por escribir, casi termino haciendo una novela sobre mi madre.

¿Por qué preferí estos relatos y no una novela?

Al continuar mis estudios de los distintos géneros en los que estoy incursionando en la literatura, supe que una novela le podía quitar impacto a muchas de las enseñanzas que se plasman en estos relatos, por la sencilla razón de que una novela generalmente queda entre la ficción, la creatividad o la realidad.

En mi novela "La Marca de los Ángeles", mi madre es uno de los personajes. Cuando sea llevada al teatro y cine, sería un personaje secundario. Aquí ella es el centro, por ser estos relatos testimoniales, no ficción.

LA MARAVILLOSA MUJER DE UN PUEBLO MOJADO A LA IZQUIERDA DEL MORRO.

Por otro lado, viendo el desarrollo de las redes sociales y sus impactos en la literatura universal, es notable que la mayoría de los lectores o lectoras de estos tiempos, busquen obras sin complicaciones, siendo los relatos cortos una de las mayores tendencias actuales.

Las reflexiones realizadas posteriores a los momentos de las fotos frente a la iglesia, me llevaron a pensar en resumir en el título de los relatos algo que describiera a mi madre y que me permitiera destacar a ese hermoso pueblo de donde provengo.

De ahí nace el titulado de la maravillosa mujer de un pueblo mojado a la izquierda del Morro. Lo de mojado es una metáfora de Pozo. El Pocito es un diminutivo de la palabra pozo.

El Pocito tiene una historia llena de gloria. Antes fue Marién, Villa Nueva, Baltasar, nacido de las mediciones en la denominada Catastral, ordenada por los norteamericanos posterior a la invasión del territorio de la República Dominicana en el 1916. Su nombre surge transformado de un pozo, el que con el tiempo se hizo chico, pequeño, un Pocito. Hoy es un lugar de ensueños, donde vivió La Mujer Maravillosa de estos relatos, doña Negra.

Sé que me darán la razón al cerrar las páginas de estos relatos en el sentido de acertar en denominar a mi madre como una Mujer Maravillosa. La diferencia de ella con la mujer maravilla de las distintas versiones de las películas es que ella no usó capas, ni armas especiales. Le bastó seguir a su corazón, a su propósito, para terminar sus días libre de maldad.

¡Mujer Maravilla, he aquí a tu hijo, extasiado, feliz con tu legado!

Estoy seguro que eres parte de los ángeles del Dios de los Cielos y Rey de los Universos.

Si llegan hasta el final, habrán descubierto las razones por las que escogí el título de estos relatos.

La Mujer Maravilla de las películas tiene competencia, brotando de un Pueblo Mojado a la Izquierda del Morro, al que los inmigrantes de nuestro pueblo hacia los Estados Unidos de América, especialmente mi prima Yajaira Elizabeth Peña de Bretón, biznieta de Tomás Mena de la Cruz, padre de Sinencio Mena E Isidro Mena (Brigadier) , abuelo de ella, junto a las creadoras de la impactante página en Facebook de los Pociteros Ausentes, también mis primas Yessica Roquilda Peña Mena Y Dayhana del Carmen Espinal de Jerez, han bautizado como El Pocito City; morada de antiguos habitantes taínos, donde se resguardan piezas y cenizas de una raza hermosa, clavada en el centro de la tierra, cubiertas por los silencios centenarios de quienes hemos sido incapaces de despertar a los gigantes del Marién que nos cubrió de glorias.

Dice el gran gurú de las finanzas mundiales, Robert Kiyosaky que existen dos palabras prohibidas para quienes buscan el éxito de verdad: EL PASADO Y EL FUTURO. Agrego que el pasado solo te puede aportar herramientas, enseñanzas y el futuro solo puede dar dirección, pero ni uno ni el otro sirven de nada sino SABEMOS QUÉ HACER Y HACIA DÓNDE VAMOS EN EL PRESENTE.

Por eso, conocer de dónde uno viene, aprendiendo las lecciones de mujeres como mi madre, me ha dado a mí dirección y norte, unido a mi propósito de vida.

Del Pasado se forma El Presente y El Presente creará Tu Futuro. ¡Ahí reside lo fascinante de La Vida!

Lo más hermoso es descubrir que el pasado, el presente y el futuro son partes de un solo tiempo que nosotros percibimos como varios tiempos. Cada uno de ellos son piezas del rompecabezas de nuestras vidas. En el pasado está la semilla de la vida y en el futuro está la simiente de la supervivencia, la que se construye uniendo memorias ancestrales con las informaciones que la Mente Maestra tiene para cada una de sus semillas terrenales, planetarias.

LA MARAVILLOSA MUJER DE UN PUEBLO MOJADO A LA IZQUIERDA DEL MORRO.

Relatos I:

Las Dos Ana de mi Padre.

Cuando mi padre regresó aquella noche, yo era un bebé apenado por la ruptura sentimental de mis padres. Corrieron los años. Vino la adolescencia entre riñas y avatares, sin vernos las caras.

Vivíamos en la misma cuadra. Emocionalmente, distancia planetaria. Familias distanciadas por un error faldero; una infidelidad prohijada por repetidas necedades, transmitidas durante generaciones sin cortarse las raíces del mal.

Hubo hijos e hijas nacidos en dos madres, con estigmas de prácticas sexuales alocadas, prendidas en los adn de familiares. ¿Pura casualidad, ambas llamadas Ana?

Comprendí que en los factores programadores de familias o pueblos, los nombres, los apellidos y las palabras adquieren continuidad, a veces premonitoria.

El nombre de Ana ha seguido reproduciéndose en nuestras familias. ¡La madre de mi padre también se llamaba Ana!

Entendí por otro lado, que la mayoría de las veces, inconscientemente, las personas escogen amigos, amigas y hasta parejas, tomando en cuenta los modelos que fueron determinantes en sus vidas de niños o de los primeros años de la etapa de adolescentes.

En la adultez encaré la historia prohibida de aquellos errores. Descubrí entonces la relación entre enfermedades y herencias ancestrales. Acudí a mi propio almacén interior.

Producto de hurgar dentro de mí mismo, *saqué las imágenes negativas de aquellos inevitables momentos.* Llegué a la feliz conclusión de que era mejor perdonar; soltar la carga. Liberándola, liberé a mi padre y a sus ancestros, que son los mismos míos.

¡La alegría de esa liberación mi cara la refleja! No hay felicidad posible sin el encuentro con uno mismo.

Estaré ofreciendo algunas de las herramientas que me sirvieron de bases para lograr muchas de las cosas que narro en estos relatos.

Son decenas o probablemente miles las personas que me conocen que saben de mi incorporación con seriedad a labores de servicios dentro de la iglesia. Por esas razones, agrego una de las armas espirituales utilizadas por mi madre, una de las dos Ana del relato.

Sea que usted crea o no, incluyo estas oraciones para aquellos que deseen romper con algunas amarras que talvez desconocen que existan.

Oración para romper ataduras, maldiciones, bloqueos y Amarras Económicas y empezar a abrir Caminos.

Como se secó la higuera desde la raíz,
Asimismo se seca toda maldición de escasez,
Ruina, miseria en el nombre de Jesucristo.
Señor, perdona todo amor al dinero,
Toda codicia y avaricia.

Porque el Señor Dios de Israel ha dicho:

"La harina de la tinaja no escaseara,
Ni el aceite de la vasija disminuirá,
(la fuente de tus ingresos, tus ahorros,
Lo que te queda, tu medio de sustento,
Los ingresos de tu negocio o laborales,
No disminuirán, el pan en tu alacena
Y en tu mesa no escasearan)
Hasta el día en que el Señor
Haga llover sobre la tierra
(Mientras dure la crisis económica mundial actual)
En el nombre de Jesucristo lo declaramos.

1Reyes 17:14

Señor así como no abandonaste
A la viuda de Sarepta,
No abandonaras a tus hijos,
Justificados por la sangre de Cristo,
Que te aman, porque tu palabra dice:
"No he visto justo desamparado,

Ni su descendencia que mendigue pan."
Salmo 37:25

Dios Santo de protección,
Auxiliador en los temas financieros,
Te pido que me concedas la sabiduría
Para poseer aquello que requiero,
Para enriquecer en los diversos planos
Materiales y espirituales.
Haz que sea dotado de garras
Que puedan enfrentar cada obstáculo
Que se presente ante mi persona.
Que a partir de este instante,
Sean tus pasos los que me guíen en el sendero
Hacia la apertura de la abundancia.
Me guiarás, darás la sabiduría,
El poder, la creatividad, las ideas, los recursos,
Abrirás puertas para hacer negocios
Y obtener fuentes de ingreso
Así sea y Así Sera.
Amén. Gracias.

Sugiero esta otra oración:

ORACIÓN

"En el nombre de Jesús, y por mi autoridad como cristiano tomo la espada del Espíritu Santo, y corto de las generaciones pasadas cualquier comunicación de odio, amargura, resentimiento, falta de perdón, crueldad, lujuria, envidia, gula, ira, pereza, soberbia y cualquier cosa negativa
o cualquier cosa que no sea del Reino de Dios.
Yo invoco la Preciosa Sangre de Nuestro Señor Jesucristo que venga sobre mí y mi familia, liberando, sanando y protegiendo.
Yo le pido al Espíritu Santo en nombre de Jesús que corte, limpie, purifique todas las emociones negativas que puedan haber sido comunicadas en cualquier generación. Amen."

Del libro: ***"Dios quiere sanar las etapas de tu vida". Ed. San Pablo. Argentina***

Relatos II:

Vida y Muerte sin Maldad: la Hermosa Negra que lo Logró.

El día 10 de diciembre del año 2015, a las 9:25 pm, aproximadamente, tendida sobre una de las camas en las que era colocada, dejó el mundo de los vivos una mujer extraordinaria, irrepetible, única: mi santa madre Ana Mena Belliard, cariñosamente conocida y recordada como Doña Negra.

En la celebración del novenario de su muerte, el domingo 20 de diciembre, en la iglesia católica Santa Lucía, de la comunidad El Pocito Guayubín, en la Provincia de Montecristi, de la República Dominicana, el autor de estos relatos escribió las palabras de recordación, leídas parcialmente por mi mentor en el derecho, Licenciado Miguel Emilio Estévez Mena, sobrino de mi madre.

(En razón de que estos relatos serán leídos en distintas partes del planeta, debo aclarar que el novenario se hizo 10 días después de la muerte, debido a que en las costumbres de nuestro país, el primer día para el novenario empieza a partir de la celebración de las denominadas horas santas, iniciadas al día siguiente del entierro formal de los cadáveres).

Ahora paso a resumir aquellas palabras. Son como siguen: En el año 1918, en la sección Bohío Viejo, Municipio de Guayubín, Provincia de Montecristi, nació una niña a la que bautizaron con el nombre de Ana. Sus padres fueron: Bertilio Mena de la Cruz y Ana Celia Belliard.

Pronto a esa niña la bautizaron como negra, por el hermoso color de su piel, mezcla de los colores vibrantes de sus progenitores ancestrales, sus antepasados.

Su color negro fue la herencia de dos cruces familiares, provenientes de una de las familias de mayores impactos en los siglos XIX y XX en toda la provincia de Montecristi: La Familia Sosa.

Por un azar del destino, Ana Mena Belliard perdió el linaje del apellido Sosa, debido a un error común de esos tiempos: el padre de su madre, Baldemiro Martínez Sosa, hijo de un gran terrateniente de la época, Telésforo Martínez, no fue a declarar su nacimiento ante el oficial de estado civil, por razones irrelevantes en estos relatos.

LA MARAVILLOSA MUJER DE UN PUEBLO MOJADO A LA IZQUIERDA DEL MORRO.

Del enlace concubinario, luego convertido en matrimonio religioso de Bertilio Mena de la Cruz (el viejo Berto) y Ana Celia Belliard, y una excepción, le nacieron a doña negra 11 hermanos, Leónidas, José, Florencia, Andrea, Juana, Jesús, Benancio, Arsenia, Susana y Santo, todos hermanos de padre y madre. También, el viejo Berto tuvo a Saturnina (Nina).

En la parte ascendiente de doña negra, cabe destacar a figuras extraordinarias en sus épocas, como el general Pedro Ramón de Mena, Ramón Pedro de Mena, Eugene Belliard, José Eugenio Belliard, José Emilio de Mena y quien fuera su bisabuelo materno Telésforo Martínez.

José Eugenio Belliard, cuya esposa se llamó Bonifacia Reyes, era el padre de Paula, la madre de Ana Celia Belliard. Tuvo muchas descendencias, dentro de ellos Ana Rosa Belliard Toribio, Juan de Jesús Belliard, José Bienvenido Belliard y Milciades Belliard. Nietos de José Eugenio Belliard fueron Leónidas Sosa, Ana Mercedes Belliard y Enrique Sosa.

Otras descendientes son: Eduvigis Belliard (a) Viví, quien tuvo varios hijos: Felicia, Porfirio, Cornelia, Arcadio, Juan Francisco, Rafael, Jacobo y Miguel Belliard.

Siguiendo con las descendencias de José Eugenio Belliard, estuvieron Eugenio Belliard (a) Simino, quien tuvo los hijos: Leónidas, Alcenia, Esteban, Carlos, Lidia, Hilda, Francisca y Porfirio Belliard.

Estas informaciones están documentadas en actos auténticos, donde se recogen lo declarado por Florentino Peralta, Bernardo Umeye, Eugenio Belliard, Juana Epifania Rodríguez, Miguel González, Rafael Armando Rochet y Apolinar Belliard, todas personas con conocimientos directos de esos datos recogidos en actos notariales.

Un detalle a resaltar en la vida de doña negra fue la unión concubinaria con Julián Martínez Estévez, mi padre, quien se convirtió en el padre de sus 8 hijos e hijas.

Los hijos carnales de doña negra somos: Ana Juliana, Julianita, José Adalberto, Ana Lucía, Nicolás, Flor María, Tomás y el autor de estos relatos.

Hay un detalle interesante. Ese detalle estuvo guardado en las historias familiares es que tanto Doña Negra como Julián Martínez tuvieron abuelos comunes: Telésforo Martínez y su esposa, Ramona Sosa.

El apellido Sosa es tan importante entre los descendientes de Telésforo Martínez que la madre de Ana Rosa Estévez Sosa, conocida como Mamá Chochó, era hermana de un hermano de Telésforo Martínez, lo cual era común en esos tiempos.

¡Fue toda una leyenda la madre de Mamá Chochó a la que se le puso el sobrenombre de Mamá Carbón, por su acentuado color negro! ¡Era más negra que mi madre, según supe!

Por razones de discriminaciones raciales, tener el color negro ha traído connotaciones inenarrables hasta la actualidad. Vivimos en una isla, donde una buena parte descendemos de personas de color oscuro, debido a las luchas imperiales en las que se logró romper la unicidad de la isla La Española, para hacer nacer otra nación conocida como Haití en la parte oeste del país.

Sin embargo, tener la tez oscura, negra, en la mayoría de los casos de mis familiares, no es sinónimo de provenir de Haití. Y de ser así, eso no aporta negatividad. Cabe destacar que el apellido Sosa y el apellido Belliard, contrario a lo que se ha informado de boca en boca, no tienen sus orígenes en Haití, sino en España y en Francia. He leído datos estereotipados acerca de muchos apellidos, donde se habla de la existencia de apellidos "dominicanos o haitianos", lo cual es una falta a la verdad de la Historia Universal.

Ni República Dominicana ni Haití tienen apellidos originales. Ambas naciones han creado derivaciones lingüísticas, muchas veces mutilando los originales apellidos. En la obra sobre la genealogía de las familias Mena Belliard, hablaré y ampliaré de esos temas.

A pesar de las estupideces en las discusiones raciales, xenofóbicas, violatorias de derechos fundamentales de las personas, existe una sola raza: la raza humana. Lo demás es fruto del orgullo, la arrogancia y el endiosamiento de amplios sectores de sociedades, personas y pueblos.

De manera aparentemente coincidencial, el apellido Sosa llegó a Santo Domingo de la misma ciudad de donde proviene el apellido Mena, cuyo gentilicio inicial era De Mena.

Con el apellido Belliard, regado en la provincia de Montecristi por los hijos de un general de divisiones francés, Eugene Belliard, quien pernotó en República Dominicana y Haití, dejando una gran descendencia, en las que se destacan hombres de ciencias, militares, agricultores, entre otros, sucede algo parecido, con la diferencia de que ese apellido vino desde la que fuera la meca del mundo moderno por su influyente Revolución del siglo XVIII, Francia.

Además del autor de los presentes relatos, los Doctores Freddy Belliard Belliard y Tomás Belliard Belliard, hemos comprobado que todas las descendencias Belliard en la República Dominicana y en Haití, tuvieron como progenitor al General Eugene Belliard, quien fue enviado por Francia como general de divisiones, a las guarniciones operantes en España y en la parte occidental de la Isla de La Española, creada y conocida como Haití.

LA MARAVILLOSA MUJER DE UN PUEBLO MOJADO A LA IZQUIERDA DEL MORRO.

El nombre de Eugene pasó a ser Eugenio castellanizado. Igual que en todas las familias con nombres relevantes, hay muchos con el nombre de Eugenio. Algunos desconocen que ese hecho se debe al general mencionado.

Del apellido Mena, doña negra tuvo en sus antepasados a sus tíos Emilio y José, hermanos del padre de Bertilio Mena de la Cruz, cuyo nombre era José Emilio de Mena.

Según me contó el abuelo, lo cual he podido confirmar, pendiente de terminar de enlazar piezas faltantes, un hijo o familiar de Emilio de Mena, quienes vivieron en la provincia de Puerto Plata, la ciudad del Atlántico en la República Dominicana, tuvo como descendiente a Luis Antonio de Mena Steinkopf (1873-1942), el cual al momento de la invasión de las tropas norteamericanas en el 1916, en territorios de la República Dominicana, era el arzobispo canónigo de la Iglesia

Católica Dominicana, siendo expulsado a Cuba por un vehemente discurso, pidiendo la salida de las tropas invasoras, en defensa de los valores impregnados por los patricios Juan Pablo Duarte, Francisco del Rosario Sánchez y Matías Ramón Mella, según relatan autores, dentro de ellos el padre José Luis Sáez Ramos, autor de la obra "El Arzobispo Mena".

Debo destacar que en la Revista "Clío", órgano de la Academia Dominicana de la Historia, en el número 191, año 85, correspondiente al mes de enero del 2016, bajo el titulado "Edición en el Centenario de la Ocupación Militar Norteamericana, 1916-1924", recoge un resumen de las actuaciones valientes de este hombre de la iglesia, aun en plena vigencia de las tropas del ejército más poderoso del mundo dirigiendo el país.

Por considerarlo de importancia, en memoria histórica a ese familiar Mena, citamos la respuesta posterior al "Breve pero valiente editorial en el Boletín Eclesiástico de junio-julio de 1916 de la pluma del padre Luis Antonio de Mena Steinkopf, página 138 Ibis", dada a quien el gobierno norteamericano fijó como Gobernador de la República en la intervención del 1916. ¿Qué respondió el vicario De Mena al gobernador?, citamos:

"¡Creo en Dios, creo en la Patria y creo en la Libertad! Vigilemos, dominicanos; vigilemos sobre nuestras santas y venerables instituciones, rechacemos decidida y valerosamente todo aquello que pueda debilitarlas o destruirlas...Inspirémonos siempre en los altos ejemplos de nuestros gloriosos héroes; ellos, con sus vidas puras y fecundas en toda suerte de virtudes, nos ofrecen modelos perfectos, y nos indican el camino...¡DUARTE, todo abnegación y desprendimiento, nos dice cómo se ama a la Patria; SÁNCHEZ, con su cruento sacrificio, cómo se muere por ella; MELLA, con un heroico disparo, cuáles deben ser las supremas resoluciones de los pueblos oprimidos!. ***Exemplum enim dedi vobis, ut quemadmodum ego feci, ita et vos faciatis (Jn 13,15. Os he dado ejemplo, para que, así como os he hecho, también lo hagáis vosotros."*** Termina la cita. (CLÍO, página 146, reproducido por el Semanario La Conquista. Santo Domingo, 27 de junio del 1920).

En mi humilde parecer, ese valeroso canónigo de la iglesia, ante la pérdida de la soberanía nacional y la desaparición del Estado en esos años aciagos, produjo, probablemente sin proponérselo, un gran desagravio a los fundadores de la República Dominicana, debido a que como se enuncia en otra parte de estos relatos, el General Pedro Ramón de Mena, ligado a su familiar ancestral, tuvo la infeliz tarea de apresar al patricio Juan Pablo Duarte en Puerto Plata, dando cumplimiento a la orden militar de la deportación del principal Jefe político de los Trinitarios, por parte del proclamado dictador y tirano Pedro Ramón Santana.

En una ocasión se le preguntó al viejo Berto sobre la herencia militar en la familia Mena, informando que por estar ligado a la descendencia y estar dentro de las familias del General Pedro Ramón de Mena a él y a su hermano Tomás Mena de la Cruz le fueron otorgados rangos en las tropas de los bolos para enfrentar al ejército de los Rabuses en la antesala y en plena invasión americana.

(Como esta es una obra literaria, y el autor respeta el valor de la historia, debo adelantar que en cuanto a las informaciones definitivas del parentesco directo de las familias De Mena y Mena de la gran región del Cibao, especialmente de la línea noroeste, faltan piezas para completar el álbum genealógico)

(Lo que sí tengo documento probatorio es que dentro de las informaciones suministradas por el Viejo Berto estaba la existencia de los dos hermanos llamados Pedro Ramón de Mena y Ramón Pedro de Mena. Ambos aparecen en los textos de historiadores dominicanos, en los acontecimientos anteriores y posteriores a la decidida Batalla del 30 de Marzo del 1844, en la que los dominicanos derrotaron al ejército invasor de Haití en Santiago de los Caballeros. Rosa Duarte, familiar del patricio Juan Pablo Duarte, en ***"El Diario Apuntes de Rosa Duarte, Archivo y Versos de Juan Pablo Duarte"*** trae informaciones. Igual otros autores, los cuales serán citados en la obra a ser completada, con los datos definitivos de las familias De Mena y Mena).

Entrelazando episodios, el valiente obispo De Mena y el Viejo Berto aportaron a sus generaciones posteriores, actos de suprema actuación en defensa de la soberanía y la determinación de nuestro pueblo dominicano.

Uno desde el púlpito de la sagrada iglesia católica y otro en medio de trincheras militares de a pies donde se jugó la vida e invirtió de sus propias finanzas, como veremos en otra parte de estos relatos.

LA MARAVILLOSA MUJER DE UN PUEBLO MOJADO A LA IZQUIERDA DEL MORRO.

Al momento de finalizar los relatos, en las fuerzas armadas y en la policía nacional de la República Dominicana, permanecen alistados, en distintos rangos, descendientes de la familia Mena. Igual sucede con los de la familia Belliard.

Los Bolos, a cuyo ejército perteneció el Viejo Berto, obedecían las órdenes del caudillo Juan Isidro Jiménez, en las duras luchas entre el Presidente Horacio Vásquez y éste. La Provincia de Montecristi estuvo dominada, en su momento, por los leales a Juan Isidro Jiménez.

En los momentos de la invasión del 1916, el territorio de la República Dominicana era un verdadero caos a nivel socioeconómico y militar, con herencias de luchas entre distintos caciques armados. En esa ocasión, la división de las tropas nacionales cibaeñas estaba entre los llamados Bolos y Rabuses, en todo el litoral de la línea noroeste, perteneciente al principio del siglo XX a la ciudad de Santiago de los Caballeros.

Bertilio Mena de la Cruz y su hermano Tomás Mena de la Cruz fueron miembros del bando de Los Bolos. A los Rabuses se le tenía el otro sobrenombre de Coludos. Eran dos ejércitos irregulares.

Bolos y coludos habían elegido como símbolo a un gallo, como forma de tener una imagen visual identificable por sus seguidores. En la actualidad, el llamado Partido Reformista Social Cristiano (PRSC), fundado por el entonces presidente Joaquín Balaguer Ricardo, adoptó como símbolo un gallo colorado.

Una obra que me ha aportado excelentes informaciones para el final de estos relatos, es el libro *"Santiago a Principios de Siglo", del Dr. Pedro R. Batista C.* Este autor narra un episodio interesante acerca de las luchas intestinas de Bolos y coludos.

En la página 266 de la obra dice: Cito: "Se contaba acerca de la feroz batalla de ese día que las fuerzas atacantes procedentes de Montecristi eran más de tres veces superiores a las que tenía el gobierno en la guarnición y defensa de la Plaza..."

El autor habla de los enfrentamientos de bolos y coludos, donde una de las víctimas fue el General Antonio Bordas.

He querido reforzar los datos sobre bolos y coludos debido a que es conocido en nuestras familias Mena, Belliard, Martínez y De La Cruz, los altercados contados por nuestra abuela Ana Celia Belliard con el Viejo Berto, quien se compró un revólver de los denominados arcabuces, con el cual ingresó al ejército bolo. La abuela le reprochaba dicha compra, porque para hacerla tuvo que vender varias vacas en esos tiempos.

Ampliando las informaciones históricas, a los fines de ser entendidas, debo establecer que en los comienzos del siglo XX, Montecristi y Santiago de los Caballeros, así como todos los pueblos del país, se comunicaban por trillos o caminos. No existían carreteras. Las comunicaciones principales del comercio eran a través de las líneas costeras, en alta mar

Continuando con los relatos, Doña Negra fue una mujer con alma de guerrera y actuaciones de santa. Con carácter mayormente melancólico y flemático, nunca renunció al trabajo ni a sus responsabilidades como madre-padre, especialmente a raíz de separarse de mi padre Julián Martínez Estévez, en el año 1961, meses antes del ajusticiamiento del tirano Rafael Leónidas Trujillo Molina.

En esas circunstancias, nació el autor de estos relatos, quien al momento de la separación familiar era un lindo proyecto fetal, nacido el séptimo mes del año 1961.

Tuvo Doña Negra la valentía de enfrentar la vida en momentos difíciles, sin rendirse. Nadie la vio descansar cuando le tocaban sus faenas.

A partir del viaje a Estados Unidos en la década del 1960 de su adorada hermana Juana Mena Belliard, mi segunda madre, asumió el compromiso de quedarse con la mayoría de los hijos de su hermana.

Fue así como Persio, Maribel, Sanabia y Pedro convivieron con los hijos de doña negra, mientras que Olga y Emilio eran ayudados por otra de las grandes hermanas, doña Florencia, de las manos también de sus otras hermanas, Andrea, Arsenia y Susana, quienes se repartieron las responsabilidades de sacar adelante las familias, como lo había enseñado la matrona de todos: Ana Celia Belliard, cariñosamente Mamá Ana Celia.

Los estudiosos de La Programación Neurolingüística (PNL) coinciden en destacar el surgimiento de patrones transmisibles en todas las familias y sociedades. Doña Negra repitió lo que aprendió de su madre, la que no solo crio a sus 10 hijos, sino que hizo lo mismo con más de 30 hijos e hijas adoptados.

Doña negra no conoció la palabra descansar, hasta que entrada en años, empezaron los achaques. Aun en momentos difíciles, se mantuvo de pies. Le encantaba cocinar y lo hacía muy bien, especialmente en aquellas veladas navideñas montadas en las casas de su país, como recordación del nacimiento del más grande de los hombres conocidos: Jesucristo.

¡No fue casualidad que El Creador del Universo escogiera el mes de diciembre para llamarla al lugar que le tenía preparado!

En la casa de doña negra convivieron hijos, nietos, biznietos, tataranietos, familiares de todas las ramas.

24

LA MARAVILLOSA MUJER DE UN PUEBLO MOJADO A LA IZQUIERDA DEL MORRO.

No solo sacó adelante a sus hijos, ayudadas por sus caritativas hermanas y hermanos, sino que se ocupó de ayudar a criar a otros hijos, como Pedro Mena Cordero (choba), hijo de su hermano Santo; Nereyda Ramírez, Bienvenido Bueno (Biencito), Tita, José Luis (nieto), hijo del matrimonio de su hijo José Adalberto y Margarita Barrientos, una gran mujer, la que sin ser familia de Mamá Ana Celia tiene un parecido en el físico.

Hubo otras personas que recibieron las atenciones caritativas de Doña Negra, como fueron Peñita, Rafael y Julio, hijo un familiar cercano llamado Varón Mena, residente en la cercana sección de La Antona, en el Municipio de Guayubín; municipio donde se extendieron las familias Mena, Belliard, Estévez, De la Cruz, Martínez, Sosa, Pérez, Díaz, entre otras.

Debo destacar una constante en la vida de Doña Negra: se entregó con amor a los demás. Producto de eso, nunca le faltó nada. Murió recibiendo bendiciones hasta su día final. En ella se cumplió el voto bíblico de que: ¨quién más da es el que más recibe.¨ Doña negra daba de comer a quien lo necesitare. Por eso y por escoger vivir con dignidad, apegada a valores y principios, murió como la reina que fue.

Posteriormente a las palabras escritas en recordación de Doña Negra, el autor de estos relatos produjo una Oda, elaboración poética en la que destaca las palabras de este relato: Doña Negra vivió 97 años sin haber realizado una sola obra de maldad.

Me he propuesto ser un buen discípulo del escritor norteamericano John Maxwell, quien ha escrito decenas de libros sobre Liderazgo y Crecimiento de las personas. En uno de ellos, ***Las 21 Leyes Irrefutables del Liderazgo,*** encontré parte de los éxitos de mi madre para poder llevar a buen término su inmensa responsabilidad de criar a sus hijos, hijas, propios o ajenos.

Ella vivió esas leyes. ***La Ley del Proceso,*** desarrollada por Maxwell me explica la grandeza de mi madre. Vivió su proceso de manera ejemplar. ***Ahí templó su carácter, como lo templa el diamante bajo el implacable ataque del fuego.***

Por esas razones este relato tiene por nombre: ***Vida y Muerte sin Maldad: la Hermosa Negra que lo logró.***

Mi santa madre conservó la belleza en su rostro, hasta el último hálito de vida. Sus 97 años vividos no fueron capaces de apagar esa luz que le permitió nacer, vivir y morir sin realizar un solo acto de maldad.

Fue una gran proeza que nos llena de orgullo a su gran descendencia. Y llenará de orgullo a quienes nacerán posteriormente a estos relatos, dentro de sus proles.

Aunque mi madre no refiriera a ninguno de sus hijos, *cuál pudo ser el sueño principal de su vida,* por los resultados de sus acciones, *sé que lo que la movía era poder criar a sus vástagos, dentro de las líneas del bien hacer legado por su madre. Como dijo una vez el gran Maestro Jesús: "Sino me creen a mí; crean a mis obras, las cuales son las obras de Mi Padre"*

Tal y como dice Mario Rodríguez Padrés en su libro *El árbol rojo del multinivel y las ventas directas"* página 26 "Dejar de soñar es alterar la naturaleza humana y perder lo más importante que una persona puede tener: *LA ESPERANZA.*"

Esa Esperanza, con letras mayúsculas, mi madre nunca la perdió, lo que afianzó su perfil de madre ganadora y exitosa en las crianzas de hijos e hijas.

Resumen de los aprendizajes de este relato: Escoger siempre hacer lo correcto; vivir la Vida en base a valores, respetando los principios universales. En la vida, como dice Maxwell, tomar atajos en vez de ser congruente con el bien hacer, nos desvía del camino a triunfar.

Si encontramos desiertos en la vida, es porque la tierra prometida puede estar de aquel lado, más allá de nosotros. Desarrollar Visión con Propósito nos mostrará lo mejor de esa tierra a la que nos toca habitar y disfrutar.

Una obra que me hizo entender y comprender mejor lo dicho en este relato sobre mi madre, es el libro: *"Ética, la Única Regla para Tomar Decisiones de John Maxwell".* La obra recoge las razones para triunfar a la manera de mi madre.

LA MARAVILLOSA MUJER DE UN PUEBLO MOJADO A LA IZQUIERDA DEL MORRO.

Relatos III:

Nunca La Vi Quejarse.

Yo tuve una relación extremadamente cercana a mi santa madre, no solo por ser su última prole, sino por haberme convertido en su acompañante durante largos años. Incluso, dormí a su lado hasta pasada la adolescencia, lo que me permitió ser parte de su vida cotidiana.

Ella, antes de yo nacer, era, en una zona rural con efervescencia mercantilista, una auténtica emprendedora. Creó con mi padre, la denominada Fonda Doña Negra. Años después, como resultado del desarrollo del capitalismo en su país, las fondas pasaron a ser convertidas en restaurantes, al influyo de influencias de las culturas anglosajonas y europeas.

Además de la Fonda Doña Negra, mi padre se convirtió en un pujante negociante de bananos o guineos, todo debido a que la sección El Pocito Guayubín, tierra donde vivían mis padres, alojaba las oficinas principales de una empresa productora de bananos llamada La Grenada Company o La Chiquita Banana.

En aquella pequeña comunidad, se veían actividades propias de pueblos desarrollados. Había emisora de radio, cloacas para las oficinas de la empresa; un helipuerto, donde aparcaba el helicóptero de los dueños de la compañía. Además, cine comunitario de fines de semanas, un tren de cargas, el que luego se transformó en tren de pasajeros. Igualmente, una emisora de radio AM (Amplitud Modulada).

El piloto del helicóptero de la Grenada respondía al nombre de Jack Villanueva, de origen francés, quien es el padre de mi compueblano, amigo y familiar Willian Jerez, hijo de la señora Sebastiana Jerez Sosa, la que a su vez es hija de Diosa de Jesús Sosa Eneris (Diosita), familiar directo de mi madre. La mujer de un mayor parecido físico a mi madre.

(Diosita y Mamá Carbón, la madre de mi abuela paterna Mamá Chochó tenían bastante parecidos, según se me ha sido dicho. No conocí a Mamá Carbón).

En honor al nombre de su padre es que a Willian Jerez le dicen Jacke, un talentoso artista de nuestro pueblo que vive en los Estados Unidos de América.

Al tren o ferrocarril se le conocía como La Cigüeña. Nombre que se le colocó por el sonido emitido cuando iba corriendo por las herramientas de conducción, formadas por plataformas fabricadas de maderas fuertes y finas completadas en hierros, por donde cruzaba la famosa cigüeña o el Ferrocarril de la Grenada como finalmente se le conoció.

Hago un paréntesis para decir que la ceguera de muchos de nuestros gobernantes, en los siglos XIX Y XX, permitió que hoy tengamos un atraso milenario en el desarrollo de vías de accesos, de cargas o de pasajeros.

Esto así porque los gobiernos del General Ulises Heureaux y de Horacio Vásquez, el primero desde el año 1887 y el segundo en sus mandatos del 1920 en adelante, instalaron en el país, sin carreteras, ni vías comunicaciones entre sus pueblos productivos, trenes y ferrocarriles, con los cuales aceleraron el desarrollo de varias regiones, incluyendo el próspero Cibao, región de donde sale la mayor cantidad de riqueza en nuestra nación.

Hubo de esperarse casi un siglo para volver a tener trenes de cargas, con el agravante de que las infraestructuras de las obras levantadas por Ulises Heureaux (Lilís) y Horacio Vásquez fueron desmanteladas, en vez de ser ampliadas, lo cual hubiere permitido tener al país interconectado a nivel nacional.

La politiquería, la corrupción y la falta de visión de muchos de nuestros gobernantes, unidos a poblaciones castradas por las políticas de enajenación mental de la mayoría de los ciudadanos y ciudadanas, nos mantienen en la inefable y ridícula calificación de país del tercer mundo o república bananera.

Cerrando el paréntesis, continúo los relatos centrados en mi mentora.

Mi madre y mi padre atendían a sus negocios, los cuales quebraron en su totalidad, en menos de 5 años de producirse la ruptura de las relaciones entre ellos.

Mi padre formó varias empresas o lotes guineeros, consistentes en sitios cerrados, llenos de guineos, bananos, los cuales se vendían a distribuidores de las zonas aledañas. Guineos maduros o verdes.

Tengo vagos recuerdos de esas empresas. En mis primeros años de la niñez, se me prohibió veladamente, por razones que fueron luego superadas, tener una relación directa con mi padre.

A pesar de no tener esa relación, mi madre nunca profirió palabras negativas en contra de mi padre, cuyas relaciones entre ellos quedaron rotas de manera definitiva desde el año 1961 hasta el día de su muerte, en cuanto a la convivencia como pareja. Mi madre murió sin odiar a nadie.

Posteriormente entre ellos hubo relaciones de amistad a tal grado de que mi padre comía en la casa de mi madre.

Al desaparecer los negocios y estar mi madre siendo padre y madre al mismo tiempo, en el año 1967 fallece la mujer que marcó las vidas de todos sus hijos e hijas. Extensivo a la pequeña comunidad El Pocito y hasta a la Provincia de

LA MARAVILLOSA MUJER DE UN PUEBLO MOJADO A LA IZQUIERDA DEL MORRO.

Montecristi, donde era un referente. Producto de una alergia medicamentosa, Ana Celia Belliard aun en edad productiva, dejó el mundo de los vivos.

Aquel momento quedó sellado en mi mente. Estaba junto a mi madre en plena faena lavando ropas dentro del río Guayubín o Guayubincito. Se presentó a aquel lugar un niño de nombre Isidro Mena Cabrera, luego conocido como Machón, con la impactante noticia de que Mamá Ana Celia había muerto.

Puedo describir la rapidez con que mi madre, yo, mis hermanos José Adalberto, Nicolás y Tomás ayudamos a nuestra madre a recoger las ropas y las herramientas para salir hacia la casa materna, en medio de un gran bullicio por la infausta información. Íbamos por todas las orillas del llamado canal mayor de Guayubín galopando, compungidos por la peor noticia recibida por la familia Mena Belliard en toda su historia.

En esos tiempos, la mayoría de las familias lavaban sus ropas en las riberas de los ríos o de los canales, usando técnica como calderos ardientes para ablandar el sucio de las ropas y tendederos de alambres o de sogas, dependiendo del peso de las piezas a ser lavadas.

Como niño-nieto mimado de la abuela, aquella noticia quebró fuertemente mi interior, puesto que Mamá Ana Celia era el modelo principal de la mayoría de quienes vivíamos bajo su mandato. Se trataba de una mujer colérica, de temple mandón, fuerte, a la que contradecirle una orden podía generar consecuencias lamentables.

Ella era ley, batuta y constitución, como se dice entre los habitantes de la República Dominicana.

La muerte de Mamá Ana Celia trajo un nuevo viacrucis a la vida de mi madre y sus crías. En el 1961 afrontó la soledad por la ruptura de sus relaciones concubinarias y 6 años más tarde, el acontecimiento que marcó a todos sus hijos, hijas y descendientes, muere la mujer soporte de la gran mayoría de sus subalternos.

No solo fue el luto lo que llegó. Esa muerte desmembró la estructura familiar de los integrantes de las familias Mena Belliard, Martínez y de la Cruz, en esos momentos.

Ahora Doña Negra, mi madre y nosotros, que vivíamos alrededor de la matrona Ana Celia, igual que todos sus demás hijos e hijas, a los cuales ubicó en las cuadras cercanas a su casa principal, entramos en una faceta de la vida no esperada, ni deseada.

Ana Celia Belliard había llegado al Pocito Guayubín desde un pequeño pueblo cercano llamado Bohío Viejo, tierra de convivencia de los apellidos poderosos Belliard y De Mena. El poder en esos instantes se obtenía de distintas formas y una de ellas era ser propietarios de extensiones de tierras cultivables. Los levantamientos catastrales hechos en el país a partir del 1918, muestran fehacientemente el poder de esas familias.

Con 6 hijos e hijas vivos, algunos repartidos entre hermanas, doña Negra recibe una herencia mucho más fuerte: tuvo que empezar a dirigir la casa de su madre fallecida, donde, producto de la generosidad de su madre, quedaron muchachos y muchachas, niños, niñas, a quienes no les podían dejar sueltos. A doña negra le habían fallecido sus dos primeras hijas, Juliana y Julianita.

Doña Negra, con las ayudas de sus hermanas y hermanos, asumió la pesada carga de estar al frente de la casa materna, la cual estaba construida en tablas, zinc, con pisos de tierras, como la mayoría de las casas en ese pequeño pueblo, el cual se abría paso a la modernidad, debido a que la Grenada Company atrajo hacia él a trabajadores, comerciantes y empresarios de todo el país, los cuales vieron en El Pocito Guayubín una comunidad pujante.

Yo, junto a mis hermanos carnales y hermanos heredados, viví aquellos hermosos y duros años de mi madre.

Solo contábamos con el Viejo Berto, esposo superviviente de Ana Celia y las propiedades dejadas por los trabajos duros y la inteligencia de la pareja Ana Celia y Bertilio, los cuales crearon riquezas visibles, en tierras, ganados y recursos, de los cuales aún al momento de estos relatos, se conservan como propiedades de los sucesores Mena Belliard.

A la muerte de mi abuela, mi madre alternaba trabajos en las fincas de Mamá Ana Celia y en las demás propiedades de otros familiares, hermanas o hermanos, las cuales habían creado núcleos familiares.

Lógicamente, el legado de mujer exitosa de Mamá Ana Celia se reprodujo en sus hijos e hijas, a tal punto de que las vidas de ellos estaban relacionadas con las labores desarrolladas en vida por Ana Celia.

El Viejo Berto, aunque era parte del engranaje de las propiedades de su esposa fallecida, dedicó mayormente, su vida a la música bohemia, llegando a ser parte de conjuntos de música típica. Se le conocía en las lides musicales como Pico Mocho. Tocaba un instrumento casi inexistente en la actualidad: La Conga.

La conga es un instrumento construido en maderas fuertes, con pezuñas en hierros, similar a las limpiabotas de la época, con la diferencia de que el ejecutante se colocaba encima, mientras usaba sus manos para sacarle sonidos con las pezuñas, las cuales eran colocadas en una obertura o puertas del instrumento, para hacer que el respingue de los toques creara los sonidos necesarios.

LA MARAVILLOSA MUJER DE UN PUEBLO MOJADO A LA IZQUIERDA DEL MORRO.

Puede ser que ese instrumento fuera el antecesor de lo que hoy se conoce como guitarra.

A pesar de ser un niño al momento de su muerte, recuerdo perfectamente aquél funeral masivo de mi abuela.

Ella tuvo tiempo de hacer un pedido para colocar sus exequias funerarias en el cementerio. Por esa razón, el entierro a pies, acompañado de algunos vehículos, motores y bicicletas de la época, transcurrió al son de melodías interpretadas por la banda de música del municipio de Guayubín.

Mi abuela fue una mujer importante, con liderazgo. A su entierro comparecieron autoridades civiles, militares, incluyendo el entonces jefe de la policía de la comandancia central del Cibao, cuyo nombre no recuerdo. Igual el gobernador de la provincia y el alcalde de Guayubín, a quien le llamaban Síndico en ese tiempo.

Con la muerte del abuelo Bertilio ocurrió algo parecido. A él le dio tiempo para todo lo que deseara pedir antes de morir.

Tal y como he dicho, el abuelo era músico típico, la música dominante de su época. Por eso pidió que su cadáver fuera enterrado con esa música; la música autóctona de mayor representación cultural nuestra.

Al momento de su entierro, el cual se hizo en el cementerio de la comunidad El Pocito Guayubín, la que en el fallecimiento de Ana Celia carecía de ese cementerio, desfilamos todos al ritmo de música típica, complaciendo al abuelo, quien nos decía que a su muerte nadie debía estar triste, debido a que dedicó gran parte de su existencia a llevar alegrías a las personas.

Mi madre se convirtió en una hacedora de tareas distintas. Era diestra ordeñando vacas, chivas, cocinando, apaleando arroz, es decir, dándole palos a los desperdicios de las cosechas dejados, con el fin de evitar que se perdieron los granos que los entonces trabajadores no pudieran sacar al realizar las labores de lograr que las matas de arroz tiraron sus granos encima de grandes lonas que eran preparadas para llenar sacos de ese cereal.

Hoy en día, esas labores las hacen máquinas preparadas. La tecnología ha desplazado manos de obras. Un operario de una sola máquina recolectora de arroz en una hora hace el trabajo de 500 hombres o más en un día en los años en los cuales mi madre apaleaba arroz, es decir, en las décadas del 1960, 1970 y gran parte de las décadas del 1980 y 1990; era esta última que marcó el fin de lo que se conoce como la Era Industrial Clásica, para darle paso a la Era de las Tecnologías, con el surgimiento y dominio de la Internet y las redes sociales.

Mi madre no discriminaba para hacer trabajos. Igual para ella era pasar el día entero en una de las fincas dejadas por su madre; estar el día completo bajo el picante sol de la línea noroeste en la República Dominicana; estar ordeñando o salir hacia los montes en las épocas de recolección de guatapanal o leñas, cuando con esas labores se ganaba dinero.

Era una máquina trabajando. Sin importar lo que fuera, ella hacía sus labores, no descuidando la parte esencial de sus denodados esfuerzos: los hijos, hijas, propios o heredados.

Me voy a detener en esta parte, para justificar el título del relato. En todo el tiempo que vi a mi madre trabajando, sin importar en lo que fuera, ***nunca la vi quejarse.***

De niño y hasta de adolescente, no ponía atenciones a esas labores hasta entrar en la edad adulta. Quise saber por qué mi madre nunca se quejaba. Descubrí que para tener éxitos en la vida, las quejas retrasan los logros.

Si en medio de todas las desgracias y los tormentos por los cuales mi madre atravesó, ella hubiere escogido quejarse, hoy en día su descendencia no fuera lo que es.

Eso me permite escriturar ese legado. Por mi propia existencia y acudiendo a leer a las personas de éxitos, he encontrado las razones en las que mi madre se apoyó para no quejarse.

¡Lindas lecciones dejó mi madre enfocando su vida en lo que fue su proceso!

En algún momento de ver el desarrollo de la vida nuestra, al lado de la madre protectora y trabajadora, tuve resentimientos y malos entendidos con la actitud sobretodo de mi padre, por lo que he estado relatando en esta obra.

Sin embargo, sin culpar a nadie, me dediqué durante años a buscarle explicaciones a todos los acontecimientos vividos por mi madre, especialmente, por mi padre y por nosotros sus hijos e hijas. Estuve lleno de heridas emocionales durante muchos años. Siento el placer de estar libre de esas heridas.

Al hacerme consciente de mi propia historia, buscando las raíces ancestrales, pude llegar a conclusiones correctas, con las cuales liberé mi interior de cargas negativas y comprendí las vidas de mis propios padres.

Nada se gana buscando culpables, ni manteniendo rencores en nuestros corazones, en nuestras almas. Mejor es liberarse. Eso es lo que hice. Pretendo y espero que mis descendencias hagan lo mismo. Claro, asumí las responsabilidades de mis errores, con el objetivo de superarlos.

LA MARAVILLOSA MUJER DE UN PUEBLO MOJADO A LA IZQUIERDA DEL MORRO.

En los procesos de mi propia liberación interior, descubrí las bases de actuaciones negativas, enraizadas en las profundidades de mi mente subconsciente.

Liberarse de esas cargas negativas no es una labor de horas, días, meses o años. Muchas veces toman décadas. Hay quienes nunca se liberan, dejando episodios de amarguras al tomar el camino de regreso al polvo celestial, dejando marcadas a generaciones.

La mayoría de los seres humanos desconocemos el potencial de informaciones guardadas a lo largo de las cadenas entrelazadas por las generaciones que nos anteceden. ***Las telarañas que se forman tienen la oculta virtud de pasar de generación en generación, sin pedirle permiso a nadie.***

Gracias a buscar asociaciones correctas; leer obras de los grandes y las grandes maestros y maestras en la materia, tomé el camino de la auto superación, con el fin de lograr una mejor fórmula de mí mismo, reconociendo que mis ancestros, dentro de los cuales están mis padres, heredaron sus propias cargas emocionales. Sus pasados están en mí. Vivir o revivir esos pasados, incluido el mío, sin superarlos es detener mi propia evolución espiritual, estancando a mis descendencias.

Una conclusión resultado de mis búsquedas he estado compartiendo con personas de mis entornos, resultado de mi propio caminar: el camino del éxito está lleno de piedras, peñascos, curvas, malabares y desiertos. Igual nos pasa en el camino de la salvación espiritual.

Esto me ha llevado a encontrar una verdad que considero irrefrenable: tener éxito es una decisión personal y ganar la gloria es también personal. Nos hacemos más fuerte buscando los dos caminos, cuando somos capaces de enfrentar la vida, tomando en cuenta el bien hacer y bien estar.

Gracias a que mi madre nunca la vi quejarse en medio de todo lo que me tocó vivir a su lado, hoy ella me sirve de referencia para tampoco rendirme ante lo que son los avatares de la vida.

Debo aclarar que el hecho de que no vi a mi madre quejarse, sea sinónimo de que ella fuera una conformista extremista.

Al contrario, cuando elije no quejarte, en vez de pasar a ser parte de los problemas, estás obligado u obligada, como el caso de mi madre, a buscar soluciones. Eso era lo que ella hacía.

¿De qué les iban a servir las quejas a una mujer sola, heredera de hijos e hijas que no salieron de sus entrañas, sin en esos momentos, esos hijos e hijas no entendían nada, ni comprendían lo que sucedía?

Cuando estás en medio del fuego, o busca la forma de apagarlo salvando la vida, antes de formar parte de las cenizas que luego quedarán o huyes aunque sea con tus ropas encendidas.

La historia de mi madre me hizo estudiar lo que sucede a las personas que tienen éxitos o fracasan. Fracaso y éxito son resultados de todo proceso humano.

La gente exitosa actúa; la gente exitosa desarrolla su capacidad de resiliencia. Mi madre desarrolló esa capacidad de manera asombrosa. La estamina emocional de doña negra se forjó en las batallas.

Cuando permaneces en estado de quejas, la solución de los problemas está en manos de los demás. Para colmo, en estado de quejas, todo el mundo tiene la culpa de los problemas, menos quien los ocasiona con mayor seguridad.

Desde la antigüedad hasta el siglo XXI, la mayoría de la humanidad se ha manejado a través de la culpa, pero de la culpa ajena. Mi madre hasta el momento de su partida, nunca usó la palabra culpable. Asumió su propia vida con valentía. Puedo asegurar que ella en vez de culpar a mi padre o las circunstancias, se hizo responsable de ella y de nosotros.

¡Qué coraje tuvo y qué clase de mentora me gasté! Honores para ella con estos relatos.

Con ella aprendí que el nuevo paradigma para romper con los lastres milenarios heredados se llama responsabilidad. Hacerte culpable o buscar culpables, lo que hará es agregar venenos a las relaciones con los demás. Sobre todo, envenenará el interior de las personas y el tuyo propio.

Asumir la responsabilidad por nuestros actos, buenos o malos, dejando que los demás carguen con los suyos, puede crear escenarios de menos confrontaciones a los seres humanos.

Las enseñanzas de mi madre, me han permitido asumir mis propias responsabilidades en aquellas situaciones donde las cosas caminaron mal o peor como resultados de mis actuaciones. Justificarme o justificar, dejaron de ser herramientas para mi crecimiento. Ella fue mi mejor mentora.

Por lo tanto, sé que no he sido ni seré santo, ni ángel o querubín. He navegado entre oscuras tinieblas, teniendo dentro de mi lista de víctimas a personas con quienes mantuve o mantengo relaciones. Sé en qué y cómo fallé. Probablemente un conductor desbocado por la carretera, no se daría cuenta de la falta de gasolina en el motor de su vehículo, si no mira el aparato de medición del mismo. Sí observa que se acaba el combustible, sabe que es hora de parar para reabastecerse. La Vida a veces nos lleva así.

LA MARAVILLOSA MUJER DE UN PUEBLO MOJADO A LA IZQUIERDA DEL MORRO.

¡Si no se detiene el conductor, le esperan momentos de angustias, dependiendo de los lugares donde se quede sin la gasolina!

Esto me permite seguir los caminos hacia el propósito que Dios depositó en mí y que en algunas paradas de mi existencia, torcí los senderos hacia ese propósito.

Lo más importante es que estoy en paz con Dios. Y si aún son insuficientes mis palabras o mis acciones, esta obra sirve para solicitar e implorar de quienes hayan sido perjudicados por mí, para que exhalen en sus mentes, en sus corazones y en sus almas, la palabra *Te Perdono. O como dice mi personaje favorito en La Marca de los Ángeles, Patrick Morales, "Lo Siento, por Favor, Perdóname. Gracias. Te amo".*

De mi parte, he perdonado a mis peores verdugos, empezando por mí mismo. Haber sido capaz de pedir perdón, perdonar y perdonarme, ha llevado mi propia vida por los senderos correctos de la Verdad.

Como dice W. Clement Stone, en el prefacio de la obra *"Piense y Hágase Rico", de Napoleón Hill*: "Recuerde que puede conseguir cualquier cosa que no viole las Leyes Universales: Las Leyes de Dios y los derechos de sus congéneres".

Agrego que El Perdón tiene la virtud de que nos une con mayor fuerza a la energía de nuestro Padre Celestial, y por lo tanto, perdonar apacienta nuestra alma.

Muchas veces, por razones ancestrales o por las repetidas programaciones familiares a la persona que más irrespetamos es a nosotros mismos. De ahí lo difícil de poder respetar a los demás.

El mejor legado de tener a una madre a la que nunca vi quejarse, es reconocer que tanto ella, mi padre y yo mismo, somos materiales de las mismas energías milenarias. Esas energías se redireccionan, cuando asumimos nuestros propios procesos personales, esparciendo a la humanidad luces capaces encender épocas o situaciones de oscuridad.

Cada persona es depositaria de poderes internos que a veces desconoce. Uno de esos poderes es desarrollar las capacidades de resiliencia y autorresponsabilidad.

En estos momentos en los que la humanidad habla de pérdidas de valores, estos relatos, los cuales perfilan a una mujer valiosa como otras tantas de la historia, me permiten contradecir a quienes dicen que los valores se han perdido.

No hay pérdidas de valores. Lo que existe es el fomento, la promoción de una vida sin sentido de misión y de propósito, en generaciones que están siendo programadas para la imbecilidad, la zombilidad o el robotismo.

Muchos de los que son de mi generación, incluyéndome, en algunas etapas de nuestras existencias, hemos entrado en un círculo vicioso de vivir la vida sin nortes, fuera del propósito fundamental personal.

Si usted busca en los escritos antiguos, en los libros clásicos de generaciones anteriores a las nuestras, se va a encontrar con etapas tan duras e inciertas como la actual.

La humanidad ha sabido superar las etapas de oscuridades, violencias o desenfrenos. La destrucción de Sodoma y Gomorra y la producción de un diluvio universal, son dos de esas etapas de oscuridades. Igual sucedió en las épocas de gobernantes erigidos como reyes, príncipes o elevados, quienes tenían en sus manos las vidas y las muertes de sus súbditos.

Estos relatos configuran el perfil de una mujer emulable en todas sus dimensiones. Verán al finalizar los 12 relatos con el consomé preparado en una mayor magnitud, lo que digo

Termino estableciendo que el no quejarnos nos permite desplazar la solución a nuestro propio accionar. No es desarrollar conformismo.

La Vida nos da momentos de sacudir las sandalias o de echar afuera lo que nos impide ver la obra maravillosa que somos.

Millones de personas en el mundo quieren cambios; gritan cambios y hasta están dispuestos a generar violencias para "lograr los cambios". Sin embargo, si alguien desear ver cambios en los demás, tiene que empezar por presentarse como un sujeto o ser de cambios.

Lo que hizo mi madre generó cambios en sus entornos. Si ella hubiere decidido quejarse, hoy en día mis hermanos y hermanas procreados por mi padre en su otra relación, no estuviéramos hermanados como debe ser, sin usar los errores de nuestros progenitores como pretextos para mantener enemistades o crear fricciones permanentes.

Yo amo y quiero a todos mis hermanos y hermanas, hijos de mi padre, sin reservas. Odiarlos transgrede, estanca mis propias energías, puesto que mi padre, ellos y yo somos partes de un mismo paquete emocional.

Ahora, el mayor favor que podemos hacernos nosotros los descendientes, es vivir la vida como sujetos de cambios, superando los malos hábitos que podamos detectar en nuestras propias vidas.

En mi caso particular, he identificado los errores, con el absoluto convencimiento de superar los lastres ancestrales, de caras a mis próximas generaciones.

LA MARAVILLOSA MUJER DE UN PUEBLO MOJADO A LA IZQUIERDA DEL MORRO.

Gracias a los ejemplos de mi madre, recibí como lecciones que las quejas forman partes de los problemas no de las soluciones.

Quejas, acusaciones y culpar a los demás, son demonios de nuestras mentes subconscientes que con el poder del espíritu santo, de la mente maestra de Dios, estamos en la obligación de vencer y liberarnos de ellos.

Vencer esos demonios programados en nuestras mentes, acerca a la humanidad al ideal de convivencia civilizada, pacífica, en felicidad y en paz, como fue el arquetipo original del creador.

Si Moisés le hace caso a los quejones que lo atacaban en los momentos difíciles; si Jesucristo accede a complacer a quienes pretendían meterlo en las camisas de fuerzas de tradiciones, normas y costumbres alejadas del plan original del creador, la humanidad de hoy no tuviera referentes, mentores creíbles.

Las frases que citaré más adelante de uno de los ídolos más espectaculares del cine mundial, cuyos mejores momentos transcurrían en paralelismos a la cosecha de los años de mi madre, Arnold Schwarzenegger, me ilustran claramente lo que he sabido en mi adultez: *La Vida es la Vida. Quien te diga que Es Fácil; que todo será felicidad, húyele.*

Escogí una pequeña muestra de las tantas frases pronunciadas por ese ídolo en las obras cinematográficas donde ha sido protagonista, siendo el hacedor de sus guiones, la mayoría basados en su propia vida de éxito.

Cito: "El secreto está contenido en una fórmula de tres partes que he aprendido en el gimnasio (y en cualquiera actividad que realice, agrego yo): *confianza en sí mismo, una actitud mental positiva y el trabajo duro y honesto.* Muchas personas son conscientes de estos principios, pero muy pocos pueden llevarlos a la práctica".

Sigo citando: "Las cosas buenas no suceden por casualidad. Cada sueño conlleva ciertos riesgos. Especialmente el riesgo de fracasar. A mí no me han detenido los riesgos. Supongamos que una gran persona asume riesgos y falla. Entonces esta persona debe intentarlo de nuevo. Uno no puede fallar siempre."

Esta última cita, la entiendo como la columna vertebral de todas las pronunciadas: Dijo: *"Si te mantienes haciendo lo correcto, el éxito llegará."*

En otros relatos, he dicho que mi madre, cuando decidió no quejarse, ni lamentarse, en medio de los golpes que la Vida le tenía reservados, de los cuales nadie se escapa, logró el éxito, porque hizo lo correcto sin rendirse.

El Bien y El Mal solo tienen como guarida las mentes, las almas y los corazones de las personas. En el mundo animal puro, las acciones de violencias cumplen dos funciones: Confirman los programas genéticos de los miembros de las faunas y se producen como armas de supervivencias.

Hasta donde se sabe, los animales carecen de actuaciones lógicas, no de inteligencias. El éxito de un león, por ejemplo, lo marca matar otros animales. El león no aprendió a distinguir lo correcto de lo incorrecto. Igual pasa con los demás animales salvajes.

El Ser Humano tiene su propia programación genética. Sin embargo, sabe distinguir lo correcto de lo incorrecto. A eso se refiere Arnold.

Sugiero varias obras, en las cuales encontré suficientes herramientas sustentadoras de estos relatos. Son:

La Biblia, en cualquiera de sus versiones.

El Libro ***"Cómo Ganar Amigos e Influir sobre Las Personas, de Dale Carnegie"***

"Tus Zonas Erróneas y Tus Zonas Sagradas de Wayne Dyer"

LA MARAVILLOSA MUJER DE UN PUEBLO MOJADO A LA IZQUIERDA DEL MORRO.

Relatos IV:

Madre, ¿a qué se debe que sin importar los gastos para pagar tus internamientos, siempre sobra dinero, si no atesoraste riquezas materiales?

He relatado lo que fueron acontecimientos extraordinarios vividos por mi madre, sin verla quejarse.

Producto de sus trabajos duros y llevar adelante a sus hijos e hijas, mi madre, entrada a los 60 y 70 algo de edad, empezó a sentir el peso de esos años de infortunios y de relevantes éxitos.

Empezaron las enfermedades a llegarle. Lo primero fue ser diagnosticada con catarata en su ojo izquierdo. Luego, problemas del corazón y de circulación.

A pesar de esas enfermedades, se mantenía de pies, hasta que perdió movilidades y sus capacidades menguaron.

En una ocasión, estando yo estudiando la carrera de Derecho en la Universidad Autónoma de Santo Domingo (UASD) en la República Dominicana, sufrió un ataque de neumonía.

Viví momentos de grandes tensiones, al igual que mis hermanos y hermanas. La enfermedad era muy agresiva. Mi madre superó el trance.

Su médico de entonces, al momento de darle de alta, le dijo esta frase: "Doña negra, usted es una mujer muy fuerte; ha superado la parte más difícil de la enfermedad, pero debo proponerle dos cosas. Estas son, usted puede morir de repente, si algo parecido le repite o vivir muchos años más."

Ella, sabia como siempre fue, le toma la palabra al médico. Yo estaba ahí en esos instantes. Le dice: ¿cuál es la cosa que debo hacer doctor, para vivir más años?

El médico se quedó mirándola. Le dice: "No sé si a usted le va a agradar la recomendación. Mi sugerencia es que usted deje de seguir fumando. Botar las pipas y le aseguro que vivirás muchos años más."

"Eso es todo, doctor", dijo mi madre, con una sonrisa en sus labios"

"Sí, mi doña. Eso es todo".

De ahí despacharon a mi madre. Para sorpresa de todo el mundo, Doña Negra, quien había permanecido fumando durante años ininterrumpidos, lo que era costumbre campesina, heredada de los ancestros, llegó a su casa del campo, en El Pocito Guayubín, recogió todas sus pipas, los cigarros y los destruyó para siempre. Nunca más volvió a fumar.

Yo quedé sorprendido. Cuando viajaba desde la ciudad de Santo Domingo donde me encontraba estudiando la carrera de Derecho, aprovechaba para llevarle puros o cigarros a mi madre, y ella se los fumaba en unas de sus famosas pipas; instrumentos preparados para introducir los cigarros, exhalar el humo para luego expulsarlo por la boca o la nariz.

¡Es un espectáculo ver a las personas botando humos por las bocas o las narices, convertidas en chimeneas humanas! ¡Ahora se usan unas denominadas Hookah, pipa de agua, Shisha o cachimba, propagadoras de bacterias o enfermedades. Aun así, algunas personas las usan!

Mi madre dejó de fumar. Como dijo el médico, vivió muchos años más, después de esa enfermedad mortal.

Para no alargar este relato, mi madre empezó a presentar cuadros de gravedades continuas, siendo internada en muchas ocasiones en clínicas privadas, en la ciudad de Santiago de los Caballeros y en otras llevadas a la ciudad de Santo Domingo de Guzmán, la capital de la República Dominicana, para sus dolencias cardíacas y de la visión. Sufrió varios derrames cerebrales, conocidos ahora como ACV (Accidente cerebro vascular).

Sus peores enfermedades, llegaron cuando sus hijas e hijos, éramos mayores de edad, algunos con hijos e hijas. Estuve al lado de ella en la mayoría de sus peores achaques.

Lo que motiva este relato fue la pregunta que le hice a mi madre, en uno de esos trances, donde a veces mis hermanos, hermanas o familiares de mi madre, tuvimos que sacar recursos cuantiosos para pagar cuentas médicas u honorarios de doctores o doctoras, quienes atendieron a mi madre en los cuadros clínicos presentados.

Recuerdo que estando en la clínica Unión Médica, donde era atendida como una reina, de las manos de una de sus sobrinas, la Dra. Ligia Altagracia Estévez Mena, Médica especializada en problemas cardiovasculares y del corazón, con la cabeza echa un hormiguero, al pasar a buscar la cuenta para dar el alta de mi madre, le hice la pregunta que encabeza este relato.

Madre, ¿a qué se debe que sin importar los gastos para pagar tus internamientos, siempre sobra dinero, si no atesoraste riquezas materiales?, le pregunté.

Ella, de poco hablar, me dijo unas palabras hermosas, las cuales comparto en este relato.

"Hijo, he vivido con dignidad y durante muchos años, he dado más que lo he recibido."

Yo conocía de lo que ella me respondió, por los años a su lado. Me impresionó con la sabiduría con que lo expresó.

Por eso, he aprendido que es preferible morir con el alma repleta con la dignidad y el decoro de no poseer recursos que morir con los bolsillos llenos de dineros mal habidos.

En el primer caso, no poseer recursos, pero ser digno, te puedes llevar a sembrar para perpetuar tu gloria o en el otro extremo, podrías dejar legados de crímenes, delitos o soberbias o generaciones heridas para seguir hiriendo.

Al morir mi madre, estando ante una situación indeseada, recordé esas palabras. Las tomé para mí. Me dije a mí mismo:

"Las quejas, los lamentos, las mentiras vividas, son armas destructoras de mi propia simiente, hasta que te despierte y digas: Se acabó ser mediocre, nací para ser grande y sí así no fuere, hubiere muerto sin crecer. Crecer no es ganar altura o estatura; crecer es ganarle a la Vida; es vencerse a sí mismo. Mi Propósito lo cumplo ahora, ni un día para los malvados, ni un día más dentro de la manada."

Me continué diciendo: "Si quiero ser un Rey afuera, debo serlo primero adentro. Lo que Soy, Seré. Dios no nos hace semillas; nos hace árboles. Depende de mí si doy frutos buenos o malos. Si le fallo a Dios en mi propósito, la responsabilidad será mía y si logro realizar ese propósito sembrado en mi adn desde antes de mi creación, es obra del Altísimo y de mi hermano mayor, Jesucristo. "

Esas palabras me las dije a mí mismo. Desde aquellos días, las reviso; las aplico en cada circunstancia. Reiteré mi pacto con Dios y conmigo mismo, motivado por las enseñanzas de mi madre.

Sin dudas, la mejor batalla a ganar en la vida, es vencerse a uno mismo. Seguro que al ganar no has vencido a nadie, pero has ganado tú, que eres el más importante de los seres creados por la mente maestra del padre celestial.

Quise resumir aquellas palabras de mi madre estando con vida, y lo hice en prosas, resaltando sus enseñanzas.

Cuando quiero crear un lago o una montaña, dejo salir mis palabras, convertidas en obras de artes. El pincel me lo regaló mi madre con su ejemplo.

Ahora sé que a la mente, observando el medio ambiente, escuchando sonidos, palabras o viendo imágenes, cualquiera cosa puede entrarle. Depende de ti o de mí, lo que lleves de estandarte.

Cuando eres capaz de dar sin pensar en percibir resultados materiales, el universo, Dios, o como le llame a una Fuerza Superior que existe, vas a recibir las mayores bendiciones que te imaginas.

En los momentos más difíciles de tu vida, si hiciste una buena siembra, tendrás ante tus ojos los mayores milagros. Los milagros existen. Empiezan en tu mente, en tu corazón y en tu alma.

Dios fue capaz de dejar su creación al libre albedrío, y desde ese libre albedrío nacieron y siguen naciendo, las peores desgracias personales, familiares y sociales.

Si decides encadenar tu vida a la maldad, tus mayores acciones serán realizadas en la oscuridad. Aunque vivas muchos años, serán años de tormentos.

Nadie que está metido en creerse superior, destruyendo a todo lo que se le interponga en sus caminos, con tal de lograr sus objetivos, está siendo consciente de que ha sido colocado en este planeta con claros propósitos de hacer avanzar la humanidad. Por lo tanto, cada acción nacida en su interior, creará una reacción universal.

Esa reacción puede provenir hasta de los integrantes de la fauna o la flora que te rodea. Nada existe sin conexión. Si sembraste maldades, cosecharás consecuencias.

Si quieres dejar un legado de maldad, tu apellido y tu nombre sembrarán cizañas milenarias. Aunque pretendas anular a quienes quieres destruir con tus acciones, algo o alguien dentro de ti o de tu entorno serán llevados a registrar tus atrocidades. La Vida personal de cada ser humano se va grabando en algún lugar del Universo. Dios no es un concepto, ni una palabra, o un simple nombre. El hombre o la mujer lo han minimizado, en cada época o en cada siglo.

Por eso, se ha dicho que la poca ciencia nos aleja del creador. Y la mucha ciencia, nos acerca.

Todas esas enseñanzas las he aprendido teniendo a mi madre como mentora. Ella fue iletrada. Eso no la eximió para convertirse en maestra. *La Vida es la mejor de las escuelas. Si en las lecciones se incluyen recibir tormentas; resolver problemas o encarar desafíos, mayores serán los aprendizajes y nos convertiremos en mejores maestros.*

No se necesita más que la Vida para escribir historias de grandezas o de pobrezas. Puedes haber ido a las mejores universidades del mundo y dejar legados de muertes u oscuridades. Sin haber pasado por cátedras de doctores o guruses, tus acciones se pueden convertir en referentes de cambios.

La Historia no solo se escribe con lápices, lapiceros, computadores, teléfonos celulares inteligentes u otras herramientas para escriturar palabras. *Hay seres humanos que nacieron para tener biógrafos, aunque no hayan pisado una escuela.*

LA MARAVILLOSA MUJER DE UN PUEBLO MOJADO A LA IZQUIERDA DEL MORRO.

Mi madre fue una de esos seres humanos. Estos relatos son partes de una biografía de la que estoy orgulloso de escriturar.

Ella, aun en momentos en los cuales sus hijos, hijas o nietos, nietas, perdíamos las esperanzas de poder pagar cuantiosas sumas médicas, productos de caídas en sus recurrentes enfermedades, recibía el auxilio esperado.

Su respuesta forma parte de este relato. Cuando vives con dignidad y da más de lo que recibes, tus días en la tierra serán de bendiciones. Procuras dar más de lo que recibes y recibirás más de lo que das, es una máxima con bases bíblicas.

En el devenir de nuestra vida personal, a veces sucede como en las grandes o pequeñas organizaciones. Si entramos a una de ellas, sobre todo en aquellas donde notas que hay gentes avanzando, es porque su **parte medular** ha sido convertida en **Esencia, Básicos o Principios.**

En esas organizaciones los que llegan con espíritus o actitudes de no adaptaciones o aceptaciones, pueden pretender cambiar todo, sin antes ponerse en contacto con esa parte medular, lo que haría que al final dejen de someterse a lo más importante.

De los cuestionadores, algunos lo harán desde dentro, sin lograr imponer la visión con la que llegan. No se percatan que la Esencia, Básicos o Principios, constituye la coraza, el armazón creado por toda organización humana funcional.

Esto no significa que cuestionar sea sinónimo de estar obligado a seguir reglas rígidas e inatacables.

Lo que he podido comprobar en la vida de mi madre y en la mía, es que La Vida tiene también esa Esencia Básica llamada Principios.

Independientemente de lo que uno puede hacer, el camino al éxito nos pondrá a pruebas siempre, con el objetivo de retarnos a seguir o violar esos principios.

Hay algo inherente a todo ser humano que logra mejorar los principios a los que se expone, constituido por la innovación, es decir, puedes aceptar, reconocer y validar la Esencia Básica de los Principios descubiertos, y al mismo tiempo, hacer que la parte medular sea mejorada, no cambiada.

La innovación es parte de la evolución emocional de las personas y las sociedades. Nace del libre albedrío, el elemento más poderoso del que dispone cada persona, junto al propósito personal.

Mi madre siempre vivió apegada a los principios fundamentales del bien hacer y el bien decir. Su versatilidad equivalente a la palabra innovación, le permitió ser dueña de negocios propios, en la fonda Doña Negra y al caer ese negocio familiar, no se rindió. Se incorporó como trabajadora de las tierras de sus padres; cosechaba rublos para mantener a una prole demandadora e inocente.

Cuando no estaba en las fincas, buscaba trabajos por pagas o a destajos, teniendo al mismo tiempo, cabezas de chivos o vacas, a las que ordeñaba, con el fin de tener alimentos familiares.

Hurgando en libros de crecimientos para sustentar algunos de estos relatos sobre mi madre, me encontré con un libro que su titulado confunde, hasta puede prejuiciar a una gran parte de los que leen ese título.

Me refiero al libro: *"La Ciencia De Hacerse Rico del Dr. Wallace D. Wattles"*. Estuve en una actividad de crecimientos en Santo Domingo y uno de los participantes citó la obra. Debido a mi formación en esos momentos, por mi mente pasaron pensamientos de cuestionamientos.

"¿Cómo es eso? ¿Existe una ciencia de la riqueza?", me decía a mí mismo, lo cual era lógico. Todos los seres humanos respondemos ante las informaciones, generalmente, con base en lo que se guarda en la mente subconsciente.

Eso me hizo dudar de inmediato. Estaba, como siempre hago en las actividades, con una libreta escribiendo. Quien refirió la obra siguió hablando. Dice que el libro es de un médico escrito hacía décadas; que quienes lo leen de forma literal, no descubren la Esencia del libro.

"¿La esencia?", volví a escucharme yo mismo, repitiendo. Terminó la actividad. El conferencista dijo que el libro se podía bajar en pdf en la red de Internet sin problemas. El título de la obra me dejó intrigado. Eso lo puedo decir con claridad, siendo sincero.

En cuanto pude, entré a buscar el libro. Efectivamente, la obra existe. La sorpresa es que el autor no ofrece fórmulas mágicas, ni nada parecido. Sí repite varias veces lo que es la esencia del título.

Lo estoy compartiendo en este relato, con la seguridad de que los lectores, lectoras de esta obra, les pueden estar pasando lo mismo que detallo en los relatos acerca de las palabras Programación Emocional y los Tipos de Carácter de las personas. No creer es una forma de creer.

La brevedad de los relatos me hacen decirles que encontré eso que el autor denomina "ciencia". En su obra es la esencia. Se llama El Modo.

El autor dice varias veces, el camino a las riquezas está en el modo. ¿Qué es el modo, entonces?

Estudiando a las culturas chinas y a las japonesas, encontré que ellos también tienen la misma visión de ese autor. Para ellos *"Si alguien hace algo, lo pueden replicar y si nadie lo hace antes, ellos lo harán primero"*

Aplicando al modo del Dr. Wallace D. Wattles, al desglosar la actitud de los chinos o de los japoneses, hacer lo mismo que el otro hizo, es aplicar el modo y ser el primero en hacer algo, es encontrar el modo.

LA MARAVILLOSA MUJER DE UN PUEBLO MOJADO A LA IZQUIERDA DEL MORRO.

Allí le encontré sentido al libro. Quienes andan creyendo que la riqueza está en el dinero, ese libro le abre los ojazos. Sin embargo, la riqueza no se consigue con los ojos, ni abriendo estos, como deben hacer los peces para poder sobrevivir en sus mundos acuáticos. Llegar a la riqueza también tiene modos.

Aprendí de mi madre y me lo ratifican mis mentores financieros actuales, que se puede acceder a la riqueza, siempre que el modo sea lícito, legal y moralmente aceptable.

Si lo que tengo o estoy buscando me crea intranquilidad, desasosiego, enemistades o enfermedades, o la posibilidad de perder la libertad o hasta la vida, probablemente esté en el modo que estoy empleando.

Si usted tiene ideas predeterminadas sobre la riqueza, me sentiría feliz si al finalizar de leer estos relatos usted descubre, igual que yo, las fuentes de la riqueza dejadas por mi madre.

Maxwell en su libro sobre la Ética habla ampliamente de lo mismo que descubrí en mi madre. Se lo dejo como tarea a ustedes.

Van a descubrir que riqueza no es acumulación descomunal de dinero, ni de poder. Pasar la Vida trotando como soldados detrás de Don Dinero, te puede llenar arcas, y al mismo tiempo, vaciar las verdaderas fuentes de las riquezas.

Los ejemplos que menciona Maxwell en su obra **La Ética, La Única Regla para Tomar Decisiones,** en las páginas 113 a la 115 hablan de la verdadera riqueza del hombre o la mujer. ¡Cómo termina tu Vida indicará si fuiste adinerado o rico!

La Biblia me ha servido para entender los alcances de este relato.

Relatos V:

"Tus Acciones Deben Ser Conforme a Tus Corazonadas: Escuchas Cuando Tengas Dudas".

En sentido general, estos relatos obedecen a momentos estelares en los cuales compartí con mi santa madre en vida. Por esa razón, en cada relato preparo palabras sintetizando algún tipo de enseñanza aprendida.

El relato V encierra sutiles palabras, las cuales han sido usadas durante miles de años en todas las civilizaciones humanas.

Mi madre tuvo dentro de sus grandes méritos como mentora, por lo menos en mi caso, el hecho de que no fue capaz de querer imponer sus puntos de vistas. O sea, ella si se enteraba de algo o se le decía algo, podía orientar hasta con el silencio.

Tuve ocasiones en las que ella me dejó claro de que el hecho de tener edad madura era suficiente para dejarme en libertad de actuar. En algún momento, por las razones aquí expuestas, pude desarrollar un mal hábito conocido como mamitis, o dependencia de la madre. Superé ese hábito en medio de los fuegos de la vida.

"Tus acciones deben ser conforme a tus corazonadas, por lo que mejor escuchas, cuando tengas dudas", me dijo en varias ocasiones, al visitarla en su casa ubicada en la comunidad El Pocito Guayubín, lugar final de su partida a lo desconocido.

Admito que me tomó tiempo darme cuenta de la gran sabiduría de ese tipo de palabras, a pesar de haber cruzado por el sistema educativo de mi país, desde el primer grado hasta grados superiores, lo que me indica que asistir a centros de estudios no garantiza tener sabiduría, ni conocimientos especiales.

Leyendo libros, asistiendo a seminarios, conferencias, escuchando audiolibros, programas de televisión, escribiendo, interactuando en grupos de profesionales, políticos, sociales, entre otras acciones, me confirmaron la certeza de las palabras de este relato.

Autores, autoras de libros sobre éxitos, crecimientos, espirituales, han llegado a la conclusión de que el ser humano genera sentimientos, positivos o negativos, como resultado de Ser, Pensar, Actuar.

Por esa razón, lo primero es Ser, luego es Pensar y después Actuar, para luego

46

Tener, dijo Luis Costa, un emprendedor cubano fallecido. Entonces, se tiene algo.

Eso crea el axioma de **Ser-Pensar-Actuar: Tener.** Se repite, prácticamente en millones de libros sobre crecimiento el axioma de que los pensamientos pueden terminar convertidos en cosas. Lo que pensamos podría determinar lo que somos y hasta queremos. Siempre se dice que La Palabra tiene poder.

No hay duda de que los resultados principales de las personas nacen de sus acciones, es decir, los procesos exteriores de las personas nacen de sus acciones. Las palabras de mi madre introducían un elemento usado por grandes personalidades en la antigüedad y en la actualidad: el elemento espiritual de las personas.

En mi novela La Marca de los Ángeles refiero que aun al día de hoy, la palabra *"corazón"* puede tener matices diferentes. Cada persona tiene un corazón como uno de los órganos más importantes para el funcionamiento de cada sistema en su cuerpo. Se sabe la vida sería imposible con un corazón paralizado.

Cuando se habla de *"corazonada"* el tema sale de la parte física de nuestro órgano interno. Las corazonadas pueden estar íntimamente relacionadas con esa parte humana conocida como instinto, o parte instintiva o intuitiva de cada persona.

Quien tenga un mínimo de conocimientos sabe que los seres humanos tenemos desarrolladas algunas capacidades de las que las ciencias exactas parecen no tener respuestas.

Acudir al corazón en momentos de dudas, lo interpreté en su verdadero sentido.

Hasta el personaje principal usado para identificar El Amor, Cupido, está representado con una flecha lanzada al *"corazón"*. Si nos detenemos a ver las imágenes usadas para representar al Cupido del Amor, podemos estar claros de que no apunta al corazón físico de las personas.

Se acepta, entonces que acudir a las corazonadas no es sinónimo ponerse a sentir los latidos del corazón físico.

En ocasiones, el maestro Juan Bosch, escritor, político, hombre de letras del mundo, ex presidente de la República Dominicana y el referente ético del que debieran copiar todos los autocalificados líderes políticos de las Américas, se le veía decir que en momentos especiales las personas deben acudir a su corazón. Decía: *"el corazón es el único que no engaña a su dueño."*

Las palabras de mi madre tienen ese mismo contexto. El maestro Bosch no se refería tampoco al corazón físico.

Puedo asegurarle que al aplicar esas orientaciones, he cometido menos errores, cuando me asaltan las dudas.

Si antes de actuar bajo las dudas, se acude al corazón, esto hace que la persona se oriente por lo mejor de sí mismo. Si se hace eso, entonces entramos en procesos de oración, de meditación o de búsquedas de ayudas correctas para tomar las mejores decisiones.

Por eso, a la ecuación Ser-Pensar-Actuar: Sentimientos-Tener, debemos colocar en un paréntesis antes de actuar, acudiendo a escuchar nuestros corazones, especialmente si vienen las dudas.

Como me he referido a lo dicho sobre el corazón en mi novela La Marca de los Ángeles, he llegado a estar seguro de que mi madre, el maestro Bosch e innumerables personalidades en el mundo, sabían que no se trata del corazón físico, sino de ese corazón que es capaz de anticiparnos acontecimientos personales o de otras índoles. Podría decir que escuchar ese corazón, es una forma de conectarnos con los susurros del Padre Celestial.

Sea que usted crea o no en la existencia de una fuerza superior en el universo conocido o en los universos desconocidos, pocas personas en el mundo no han tenido ese *"sentimiento, acontecimiento o algo premonitorio en el área que la Filosofía antigua definió como corazón mágico o corazón místico."*

¿Existe, en algún lugar de nuestro cuerpo, ese corazón mágico o místico? Me he realizado esa pregunta, la cual no es mía. Si usted decide leer acerca de la pregunta, encontrarás montones de respuestas.

Lo que sí puedo dar como un hecho es que si decides, antes de tomar decisiones en las que las dudas atormentan la mente, acudir a esas corazonadas, como decía mi madre, disminuye los márgenes de errores en esas decisiones, aumentando drásticamente los niveles para acertar.

Para las personas con el tipo de carácter definido como colérico o melancólico dominantes, en muchos casos, la corazonada no parece entrar en sus mundos perfectos, debido a que generalmente ven la vida girando alrededor de sus únicas convicciones.

No quiere decir que los coléricos o melancólicos dominantes no tengan corazonadas. Pueden tener tendencias a no aceptarlas, debido a que por sus tipos de carácter, entienden que todo lo que pasa por sus mentes es el plano que los demás deben aceptar, sin remediar, y sin modificar nada.

Podría ser que algunas corazonadas sean productos de que en la persona se anidan miedos o fobias subconscientes. De existir esos miedos o fobias en el subconsciente, esto haría retrasar los procesos de tomas de decisiones correctas en las personas.

LA MARAVILLOSA MUJER DE UN PUEBLO MOJADO A LA IZQUIERDA DEL MORRO.

¿Cómo puede una persona descubrir los miedos o fobias en su subconsciente?

La respuesta no es sencilla. Una fórmula podría ser llevar registro de qué tan frecuentes son esos miedos o fobias a la hora de tomar decisiones importantes o de emprender algún proyecto nuevo o renovar proyectos anteriores o enfrentar problemas en sus emprendimientos o negocios o en la vida misma.

Si los miedos y las fobias presentan un patrón de conducta, hay que mirar hacia adentro, buscando la historia personal y hasta de los antepasados.

Tener corazonadas ante dudas puede ser un alerta de algo que necesitamos meditar. Si esas corazonadas aparecen en casi todos los momentos de decisiones, acompañadas de miedos o fobias, algo debe ser revisado en nuestro Ser Interior.

Entiendo oportuno decir que esas corazonadas nada tienen en común con el bien hacer y el bien decir. Para aquellas acciones negativas que de plano se sabe que no entran en lo debido y en lo correcto, no se necesitan corazonadas.

Cuando Moisés elaboró las Doce Tablas de la Ley, por mandato divino, no formuló normas a ser seguidas; estableció principios universales. Por lo tanto, si usted tiene una corazonada para violar principios universales, no se confunda. Eso pueden ser deseos de su mente, no de su corazón. El placer puede crear deseos carnales delirantes. ¡Que quede claro!

Estas frases escritas en su muro de Facebook por el afamado columnita, escritor, abogado y gran ser humano, Pedro Domínguez Brito, configuran lo que he dicho de atender a esas corazonadas.

Dice Pedro Domínguez Brito, cito: "He aprendido que si pienso que mis palabras pueden causar daño o no aportar a los demás, no las expreso o escribo. Si considero que lo que hablo puede ser mentira, guardo silencio. He aprendido que si mis convicciones no son firmes, no actúo. En el buen sentido, si moralmente dudo, no lo hago, aunque me equivoque, como ha ocurrido."

Mejores palabras que esas no las he encontrado para cerrar el relato.

Las corazonadas pueden ser alertas anticipadas de consecuencias indeseadas para el que las recibe o para los círculos de sus influencias. El silencio meditado es la mejor forma de escuchar esa intuición interior.

Relatos VI:

Una Misión Extraña De Mi Abuelo Materno.

Como he dicho, mi abuelo materno se llamaba Bertilio Mena de la Cruz, El Viejo Berto.

"De lo que te dijo Berto, ¿qué has encontrado con relación a los orígenes españoles del apellido Mena?", me dijo un día.

Mi madre era, como he dicho, de poco hablar. Pocas veces la vi enojarse, excepto para echar boches, cuando algunos de sus hijos, sus nietos, nietas, tataranietos o tataranietas carpeteaban o se pasaban de palabras.

Yo estaba al borde de graduarme de abogado en la universidad, cuando mi madre me recordó unas conversaciones grabadas en cintas magnetofónicas de unas entrevistas a mi abuelo Bertilio Mena de la Cruz (Viejo Berto), quien aún a estas alturas no se las razones por las que siendo apenas un adolescente, me confió datos familiares de los que nadie se había ocupado.

Me recordó mi madre, *"De lo que te dijo Berto, ¿qué has encontrado con relación a los orígenes españoles del apellido Mena?"*

Acepto que me tomó de sorpresa la pregunta de mi madre, a pesar de que me había tomado bien en serio lo que me encargó el abuelo.

Le respondí que tenía muchas informaciones. Incluso unas fotocopias de un libro llamado *"Santiagueros Ilustres de la Colonia", escrito por Manuel A. Machado Báez, ediciones Centurión, C Por A., Santo Domingo, 1972,* en el que conseguí datos de primeras líneas sobre el linaje de la familia Mena, De Mena .

Prometí que la mantendría enterada de lo que iría investigando. Mi madre apenas escribía su nombre. Era una iletrada, al igual que mi padre. A ambos, les sobraba inteligencia. Mi padre aún vive. Es antológico en sus palabras.

Sin embargo, eso no los detuvo para salir adelante, especialmente antes de yo nacer, debido a razones que están en otros relatos.

¿Qué fue lo que puso en mis manos el Viejo Berto?

El viejo Berto, un espigado hombre alto, blanco, de pelo lacio, hermoso, ojos claros antes de quedar ciego al terror, exhibía características españolas indiscutibles.

LA MARAVILLOSA MUJER DE UN PUEBLO MOJADO A LA IZQUIERDA DEL MORRO.

En su tiempo de juventud, por su carácter jovial, sanguíneo mayormente, se involucró en la música típica, llegando a tocar la conga con el renombrado artista de todos los tiempos Ñico Lora, el creador del conocido "Merengue acompasao liniero". Estuvo en contactos con artistas de esos tiempos, al finalizar el siglo XIX y en pleno siglo XX, cuando se desarrolló y murió, empezando la década de los 90. No entraré en controversias sobre su edad, por no ser relevante, pero murió con casi 100 años.

El viejo Berto, un día, con apenas unos 14 o 15 años que yo tenía, me llamó. Lo recuerdo vivamente todavía, sentado en la mecedora que lo acompañó hasta su muerte.

Yo estaba en el patio de la casa en esos momentos. Hacía unos años que la esposa del viejo, mi abuela materna Ana Celia Belliard de Mena había fallecido. Escuché su llamado y acudí donde el abuelo, al que todos amábamos. Era un hombre tranquilo, cariñoso, amable, excelente conocedor de los pormenores de lo que era la Pelota dominicana, con su rama internacional. Conocía a todos los jugadores por sus nombres. Llevaba sus records de memoria. Escuchaba los juegos nacionales e internacionales. Ese era uno de sus grandes hobbies.

"Siéntate ahí, peluíto", me dijo. Ese sobrenombre se lo apropió mi madre hasta el momento de su muerte.

Lo que puso mi abuelo materno ante mis ojos, cambió el rumbo de mi percepción familiar, en la medida en que empecé a buscar las informaciones pedidas, confirmando asombrosamente lo que se me dijo. ¡Encontré más de lo que me dijo el Viejo Berto!

El viejo inicialmente me dijo que debía buscar una grabadora, con el fin de que yo grabara todo lo que iba a relatar.

¿Una grabadora para un carajito de mi edad?, me dije hacia mis adentro.

Yo era bien extrovertido desde pequeño; locuaz, me encantaban las informaciones históricas. Años más tarde, me di cuenta de que tenía cualidades periodísticas. El abuelo lo sabía.

¿Cómo consigo la grabadora?, le dije al viejo.

Ese no es un problema. Se compra una, y los casetes, me respondió. En fin, la grabadora y los casetes me fueron buscados. La misión iba en serio.

Una vez estuvieron la grabadora y los casetes, solo era cuestión de empezar la labor a ser encomendada.

Eran los principios de la década del 1970, una época tumultuosa para la República Dominicana. El entonces Presidente de la República Dr. Joaquín Balaguer seguía montado en el poder, por un tercer período presidencial, a costa de persecuciones y luchas por la libertad de la nación dominicana de esa década. Habían fracasado los intentos de la oposición por evitar una reelección en el año 1974. El partido principal, El revolucionario dominicano (PRD), junto a las fuerzas de una izquierda pensando en hacer una revolución armada, no pudo concretizar una alianza para desalojar del poder al presidente, al que se le calificaba de "dictador ilustrado", para diferenciarlo del ajusticiado tirano Rafael Leónidas Trujillo Molina, quien cayó asesinado el 30 de mayo del 1961.

Después de largos períodos de inestabilidad, producto del derrocamiento del profesor Juan Bosch, el 25 de septiembre del 1963, el Dr. Balaguer tomó el poder, en el que permaneció 12 largos años, por tres períodos.

Precisamente en su tercer período en 1974 recibía el encargo del abuelo, convertido en misión.

La misión consistió en reunir los datos históricos familiares relacionados con la familia Mena, en la que estaba de por medio, un personaje militar de alto rango, llamado El General Pedro Ramón de Mena y un hermano de éste, Ramón Pedro De Mena.

Debido a que en otro relato, refiero lo del general De Mena, quiero que sepan que al momento de leer las informaciones genealógicas de mi madre en el novenario, lo hice basado en las recopilaciones de informaciones como producto de la misión acordada por el Viejo Berto.

Fue y sigue siendo fascinante, lo que pude encontrar. Inicialmente, grabé tres casetes con la voz de mi abuelo, con preguntas mías y hasta intervenciones de otros familiares.

El tema se puso interesante. Cada vez el abuelo proporcionaba datos desconocidos acerca del origen real de su apellido principal.

En las búsquedas, no solo he investigado informaciones del apellido De Mena, sino de los otros apellidos de la unión familiar de Bertilio Mena de la Cruz y Ana Celia Belliard de Mena. Entraron en esa búsqueda el apellido Martínez y el apellido Sosa.

¿Por qué los apellidos Martínez y Sosa aparecieron en las investigaciones?

Algunas de las respuestas aparecen en otro de estos relatos. Hay detrás de los apellidos de mis familias grandes hazañas aún desconocidas. Incluso, personajes de la vida histórica de la República Dominicana son partes de algunas de esas familias.

Debido a que estos relatos nacen de enseñanzas de mi madre, mantendré la línea de no caer en disgregaciones con otros temas.

Estudiando lo que el viejo Berto me encomendó documenté el hecho de que el General Pedro Ramón de Mena fue el comisionado por el ejército controlado por el General Pedro Ramón Santana, a la sazón Presidente de la naciente República

LA MARAVILLOSA MUJER DE UN PUEBLO MOJADO A LA IZQUIERDA DEL MORRO.

Dominicana, para arrestar al patricio Juan Pablo Duarte en la ciudad de Puerto Plata, quien luego fue deportado hacia la República de Venezuela.

Mientras al General de Mena le asignaron esa tarea de las tantas ejecutadas en contra del principal fundador de nuestra nación, integrantes de las familias De Mena, Martínez, Estévez y Belliard fueron alistados o miembros de los efectivos o militares en las guerras de Independencia y de la Restauración de la República en los años 1844 y 1863.

De acuerdo con el historiador dominicano Rufino Martínez, el General Pedro Ramón De Mena, quien había encabezado una conspiración para derrocar al Presidente Pedro Ramón Santana, junto a José Eugenio Pelletier, murió en el año 1859. Otros historiadores dominicanos, como es Frank Moya Pons, relatan algunas de las hazañas de este hombre de las armas dominicanas.

El Viejo Berto fue Sargento del ejército de Los Bolos y su hermano Tomás Mena de la Cruz ostentó el rango de cabo de ese mismo ejército.

Otras de las informaciones conseguidas por la misión del viejo fue descubrir que el General Pedro Ramón de Mena no fue quien trajo a la familia a nuestra isla. Siglo antes, la familia de Mena había llegado al país.

Lo que sí era común fue el hecho de que todos los familiares de Mena o Mena, procedían del mismo tronco familiar en España, provenientes de la ciudad de Burgos.

Familias que emigraron a nuestra isla desde la ciudad de Burgos, España, en los XVI, XVII, XVIII se emparentaron en ciudades y pueblos de la isla.

En la Provincia de Montecristi, y concretamente en El Pocito Guayubín, las familias De Mena, Martínez, Díaz, Peña, Estévez, Pérez, entre otras, genealógicamente procedentes de Burgos, se mezclaron siglos más tarde en la República Dominicana.

A quienes les interese hurgar en esos apellidos, en las redes de internet existen miles de páginas dedicadas a encontrar los antepasados que pueden suministrar informaciones creíbles, a muchas de las cuales he tenido acceso en los últimos 25 años, que es más o menos el tiempo de vigencia de internet entre nosotros.

Para terminar con este relato debo decir que la mayoría de mis familiares conocen parte de los datos aportados aquí, en cuanto a los temas de familiaridad.

Una cosa sí tengo que lamentar y es que el viejo Berto murió sin poder escuchar los datos finales de la misión que me encomendó, a pesar de que en los primeros años de mis estudios universitarios, a partir del año 1982 hasta el momento de la muerte de mi abuelo, pude irle confirmando la veracidad de sus informaciones.

Lamento profundamente que el viejo no sobreviviera para escuchar los informes finales de sus encargos. Sé que estará feliz, donde quiera que se encuentre, cuando estos relatos sean conocidos. Y cuando finalmente, encuentre las piezas faltantes, relacionadas con los posibles vínculos de los hermanos el General Pedro Ramón de Mena, Ramón Pedro de Mena, con el padre progenitor de mi abuelo.

Por tratarse de unas investigaciones incompletas aún, evitando incurrir en errores innecesarios, debo establecer que sigo sin tener todas las piezas para completar el álbum familiar, en el que describiré las familias Mena Belliard y Martínez Estévez y De La Cruz Sosa.

Antes, en reuniones familiares, he dado a conocer algunas informaciones de la misión, incluyendo fotografías de familiares. El apellido De Mena vino de España, con quienes tenemos lazos históricos de consanguinidades, comprobables con facilidad en este siglo, donde los estudios de adn están a la orden del día.

Aclaro que las búsquedas de los orígenes familiares no persiguen ser partes de botines o cuentas de algún familiar. Busco llenar las inquietudes de un abuelo especial, quien se fijó en mí en algo fascinante.

Cierro este relato dedicado a mi viejo Berto, un abuelo amoroso, servicial y fuerte, cuando tenía que serlo.

Gracias a mi madre, a mi abuela Ana Celia y a él disfruté de una niñez y una adolescencia donde el amor nunca me faltó.

La obra que cito a continuación, al finalizar el relato, es una llave casi maestra para hurgar en las verdaderas fuentes de una familia hermosa, inmigrante de la Madre Patria, la que ha producido páginas gloriosas en la historia de nuestra inefable e incomparable isla, donde en algún instante de sus extensas miradas, el Creador del Universo depositó gran parte de las semillas del Paraíso, puesto que El Pueblo Mojado a La Izquierda del Morro, cuna del desarrollo de la impronta de mi santa madre, provoca un éxtasis de regreso a dicho paraíso, cuando subimos el Cerro de la Virgen del Pocito, lanzando las miradas hacia los firmamentos que se asoman a nuestros ojos.

¡Les invito a subirse a ese cerro en una noche de luna llena y cielo estrellado, alzando las miradas, para que toquen la parte del Paraíso que desconocen existe en mi pueblo!

En la noche del viernes 18 de mayo del 2018, fui entrevistado por el amigo, colega y hermano Licenciado Rafael Bueno, quien además de ser un excelente letrado, autor, compositor, arreglista y cantante, es propietario del medio de comunicación Bueno TV.

LA MARAVILLOSA MUJER DE UN PUEBLO MOJADO A LA IZQUIERDA DEL MORRO.

Conversé ampliamente con el amigo Rafelito, como le decimos muchos de sus amigos, sobre el lanzamiento de esta obra. Mis palabras han llegado a distintas personas, algunas de ellas me pidieron datos acerca de varios apellidos.

En vista de que no puedo disgregarme en subtemas de este libro, he accedido a darle un mayor peso a informaciones tratadas en el programa de televisión antes dicho, integradas al libro que tienen en sus manos.

En tal sentido, me permito citar una de las fuentes irrebatibles acerca de varios apellidos. Me detendré en el apellido "SOSA."

En la obra ***"El Origen de su Apellido, La Biblioteca de todos los apellidos de España y América"***, de la editora El Arca de Papel, del año 2002, se dice sobre el apellido SOSA, lo siguiente: CITO: ***"SOSA.*** Este apellido es en realidad la variante castellana del apellido portugués y gallego Sousa O Souza. Las noticias más antiguas de este apellido son a través de doña Juana de Sosa, nacida en México en 1633 que fue hija del General Hernando de Souza, nacido en Vigo, Galicia. El apellido Sosa y sus variantes Sousa y Souza es de origen local, es decir, pertenece a aquel grupo de apellidos que han sido derivados del nombre del lugar donde nació o tenía bienes o tierras el progenitor de esta familia. " (Obra citada, páginas 111 y 112).

Si alguien tenía dudas de lo que dijimos anteriormente, le invito a rebatir estas informaciones, las cuales como dije anteriormente no son el centro de estos relatos, debido a las razones antes expuestas. Las he avanzado, como forma de solidificar los contenidos de esta obra.

Ese mismo libro tiene informaciones de los principales apellidos existentes en mi comunidad El Pocito Guayubín.

Para cerrar el tema de los apellidos, en la obra ***"Realice su Propio Árbol Genealógico"***, de la misma editora mencionada, del año 2003, la cual tiene un subtítulo donde dice que "Es un libro guía detallada y completa para obtener el Árbol Genealógico familiar", se dice lo que sigue: CITO: "Los casos más frecuentes, y que son exclusivos de las genealogías de España y Portugal, son los apellidos terminados en *"EZ"*. Este sistema de apellidos proviene de los Visigodos, el pueblo germánico que, con la decadencia del Imperio Romano, se estableció en la Península Ibérica y fundó aquí un Reino. "EZ" significa "hijo de". Así, el origen de un "González" está en alguien que fue llamado "Hijo de Gonzalo" (Gonzál-ez); "Pérez" en "Hijo de Pero"- o sea, Pedro- (Pér-ez); etc...De esta manera, toda una serie de apellido hispánicos muy frecuentes tiene su origen, en la Edad Media, en el nombre propio del padre" (Página 13 de la obra citada).

No ampliaré los temas. Solo invito a los lectores que se interesen en buscar sus apellidos, leer esas obras completas, entre otras de esa editorial española, la que tiene centenares de libros acerca de esos temas.

Termino esta parte de la misión especial sobre los orígenes de la familia Mena, con un descubrimiento más allá de la misión.

"LA BIBLIA. Los ascendientes de Jesús, Lucas 3, 23-31 (Mateo 1,1-17…De Meleá, de Mená…En otras traducciones dice: Lucas 3,31…Hijo de Milea, hijo de Mená…"

En un trabajo publicado en la página que aparece al final, titulado "Si tu apellido aparece en esta lista, eres un descendiente de judíos", escrito por Andrea Gamero se dice que los apellidos *Martínez, Mena, De la Cruz, Cruz, Peña, Peñas, Pérez y Sosa* son apellidos con ascendientes judíos, lo que refuerza lo que hemos dicho en otras partes de estos relatos, en lo relacionado con los supuestos apellidos dominicanos y haitianos. Consulta la página: https://www.recreoviral.com/curiosidades/si-tu-apellido-aparece-en-esta-lista-eres-un-descendiente-de-judios/

Las historias de nuestros países están llenas de distorsiones y hasta de informaciones sin bases en los mismos hechos que dicen narrar. Las discusiones sobre apellidos en muchos casos, obedecen a intereses personales de algunos de los polemistas.

¿Entienden por qué dije que llegué más lejos de lo que me encomendó el abuelo? En la obra sobre la genealogía de la familia describiré cuál es el significado del apellido Mena y sus variaciones en el tiempo, antes y después de Jesucristo (AC y DC).

Había decidido no ampliar esta obra, en cuanto a los datos genealógicos, con el fin de reservar informaciones para el libro familiar. Sin embargo, esta investigación me ha costado mucho sacrificios, horas de sueños, recursos y hasta algunos sinsabores, los cuales son inevitables, debido a que todo lo que cuesta o vale la pena, implica sacrificios, dolor, caídas y fracasos.

Estoy, en consecuencia, transcribiendo los orígenes de la familia De Mena o Mena, desde la madre patria, España.

ORIGEN EN ORDEN DE SUCESION DE LA FAMILIA DE MENA O MENA.

Condado de Buenavista Cerro, España.

PRIMER PADRE: ÍÑIGO DE MENA.

PADRE DE:

II - ALONSO DE MENA.

PADRE DE:

III - ALONSO DE MENA II.
PADRE DE:
IV - FRANCISCO DE MENA.
PADRE DE:
V - XIMENO DE MENA.
CASÓ CON:
INÉS DE HERVIAS.
PADRES DE:
VI - FRANCISCO DE MENA Y HERVIAS.
CASÓ CON:
JUANA DE VERA.
PADRES DE:
VII - FRANCISCO DE MENA Y VERA.
CASÓ CON:
MARÍA ISABEL DE SOTO.
PADRES DE:
VIII - FRANCISCO DE MENA Y SOTO.
Casó con:
MARÍA HERVIAS Y BARRIENTOS.
Padres de:
IX - DIEGO DE MENA Y BARRIENTOS.
Casó en 1ªnp con:
ANA DE TUDELA.
En 2ªnp casó con:
ELVIRA MONTOYA, sobrina de su marido. Padres de:
1.- Gerónimo de Mena y Montoya, sigue la línea.
2.- Antonio de Mena y Montoya.
X - GERÓNIMO DE MENA Y MONTOYA.
Casó con:
PETRA LOMAS Y TEBAR.
Padres de:
1.- Pedro Ventura de Mena y Montoya, sigue la línea.
2.- Francisco de Mena y Montoya.
3.- María de Mena y Montoya.
4.- García de Mena y Montoya.
5.- Gerónimo de Mena y Montoya.
XI - PEDRO DE MENA Y MONTOYA.
Nacido en Las Pedroñeras (Cuenca).

Hijodalgo, Alcalde de la Santa Hermandad (1684).

Casó con:

GERÓNIMA MUÑOZ DE HENESTROSA, hija de Diego Muñoz de Henestrosa y de María Pallarés. Padres de:

XII - DIEGO DE MENA Y MUÑOZ.

Natural y vecino de Santa María de los Llanos.

Alcalde por el Estado Noble, Regidor Perpetuo.

Casó con:

Mª TERESA CANTERO Y ASTUDILLO, viuda de Manuel de Aulestia Cabeza de Baca; hija de Fernando Cantero Astudillo y Rosillo y de Mª Ana Palomar y Cerro. Padres de:

XIII - IGNACIO DE MENA Y CANTERO.

Alcalde por el Estado Noble y Regidor Perpetuo de Puebla de Don Fadrique (Toledo).

Casó con:

Mª CATALINA PEREA Y MONTOYA, fallecida el 11-Jun-1807.

Padres de:

1.- Miguel Gregorio de Mena y Perea, sigue la línea.

2.- Diego de Mena y Perea, Tesorero de Belmonte.

3.- Salvador de Mena y Perea, Director del Banco.

4.- María Teresa de Mena y Perea, nacida el 4-Nov-1749 en Belmonte (Cuenca), fallecida el 11-Jun-1807 en Picazo. Casó el 12-Ago-1767 en Belmonte con Antonio de Villanueva y Aulestia, Señor de Pardamaza. Con sucesión.

5.- Miguel de Mena y Perea.

XIV - MIGUEL GREGORIO DE MENA Y PEREA.

Hijodalgo, Regidor de Puebla de Don Fadrique.

Casó con:

BERNARDA CORTÉS Y SALAZAR, hija de Antonio Cortés y Salazar, Alcalde y Regidor Perpetuo de Puebla de Don Fadrique, Administrador de la Capilla del Santísimo Cristo del Consuelo (1775), y de Francisca Parreño y Ruiz de Alarcón (viuda de Pedro Marañón). Padres de:

XV - DIEGO VENTURA DE MENA Y CORTÉS.

I Conde de Buenavista Cerro (29-VII-1817) (ex marquesado de Monteverde), Maestrante de Ronda, Diputado en las Cortes de Cádiz, Regidor de Puebla de Don Fadrique.

Casó con:

Mª ANTONIA LA QUINTANA Y RECACOECHEA, hija de Francisco Antonio La Quintana y Pardo y de Mª Francisca Recacoechea y Arriguibar; nieta de Francisco La Quintana y Uberichaga, Secretario de S.M., y de María Pando y Sabuga; y

LA MARAVILLOSA MUJER DE UN PUEBLO MOJADO A LA IZQUIERDA DEL MORRO.

nieta por línea materna de Domingo Recacoechea y de Antonia Arriguibar; segunda-nieta de Francisco La Quintana y Horcasitas y de Antonia Uberrichaga, y por línea materna de Manuel Recacoechea y de María Oxinaga. Padres de:

1.- Ignacio de Mena y La Quintana, II Conde de Buenavista Cerro, Maestrante de Ronda.

2.- Felisa de Mena y La Quintana, casó en Belmonte con Joaquín Mª Melgarejo y Espinosa, Coronel de Caballería. Con sucesión.

3.- Mª del Carmen de Mena y La Quintana, casó con Francisco de Paula Sandoval y Melgarejo, Señor de Jacarilla. Con sucesión.

4.- María Dulce de Mena y La Quintana.

5.- Micaela de Mena y La Quintana, sin sucesión.

Nota: La familia De Mena o Mena sigue siendo parte integral de la nobleza española. En el 2006, la parte militar estaba representada por el General José Alejandro de Mena y Aguado, un espigado militar de gran formación, quien tomó parte en las contiendas de Cataluña, región que ha pretendido formar tienda a parte del régimen español.

Fuente de esta información: file:///C:/Users/DannyMdaniel/OneDrive/Documents/Genealogía%20de%20la%20familia%20y%20del%20apellido%20Mena_files/Genealogía%20de%20la%20familia%20y%20del%20apellido%20Mena%201.htm

Siguiendo con los datos de la familia Mena, en un excelente y enjundioso trabajo del historiador, colega y amigo Licenciado Edwin Rafael Espinal Álvarez, miembro de la Academia de Genealogía Dominicana, trae lo que para mí es la confirmación del dato referido por el abuelo Bertilio, dando cuenta de dos hermanos De Mena o Mena dentro de los militares de sus antepasados. Citamos:

"Dos documentos que reflejan de manera concluyente el marcado carácter familiar de la etapa constitutiva de la gesta independentista son la relación de firmantes del Manifiesto del 16 de enero de 1844 y la nómina de los presentes el 27 de febrero de 1844. En el primero de ellos aparecen los nombres de Bernardo Santín y Juan Santín; Manuel Guerrero y W. Guerrero; Tomás Concha; Jacinto Concha y W. Concha; Ldo. Valverde; P. Valverde y José Valverde; Joaquín Puello, Eusebio Puello y Gabino Puello; J. Pichardo y Pablo Pichardo; Domingo Rodríguez, C. Rodríguez, Rafael Rodríguez y Juan Rodríguez; ***Pedro Mena y Pedro M. de Mena;*** J.G Brea, Jacinto Brea, Antonio Brea, José Nazario Brea, Nolasco Brea y Pedro Brea; Narciso Sánchez, F. Sánchez y Valentín Sánchez; Hipólito Billín y E. Billín; A. Alfau y Julián Alfau; José M. Pérez hijo, Benito Pérez, Nicodemo Pérez y Pedro Pérez; Santiago Barriento y Juan Barriento; José María Serra y

Fernando Serra; Gregorio Contín y Leonardo Contín; Carlos García y José María García; P.A. Bobea y Justiniano Bobea; Marcos Rojas y Miguel Rojas; Román Bidós y Juan Luis Bidós; M.R. Mella e Ildefonso Mella; Toribio Villanueva y Villanueva padre; Fernando Herrera, Víctor Herrera, Pedro Herrera y Rosendo Herrera; Pedro Santana y Ramón Santana; Carlos García, José María García, J. de la Cruz García y José del Carmen García; P. de Castro y Castro y Jacinto de Castro; Carlos Moreno y Antonio Moreno; Fermín González y Ramón González; Juan Ruiz y Félix María Ruiz y Juan Álvarez y José Ramón Álvarez[lxiii]".

Estas informaciones confirman la participación de la familia De Mena o Mena en la conformación del movimiento de Los Trinitarios, el partido del patricio Juan Pablo Duarte, fundador de la República Dominicana. ¡Qué honor tan noble, alto y grande para los que tenemos el apellido Mena o de Mena!

Los datos aparecen en el artículo: "FAMILIARIDAD Y CONSANGUINIDAD EN EL MOVIMIENTO INDEPENDENTISTA", Preparado por el intelectual y amigo Edwin Rafael Espinal Hernández.

En otros escritos, se confirma que los hermanos Pedro Ramón de Mena y Ramón Pedro de Mena participaron en la independencia del país, llegando el General Pedro Ramón de Mena a encabezar un movimiento conspirativo en contra del General Pedro Ramón Santana, el primer dictador dominicano, lo cual se consigna en otra parte de estos relatos.

Dada la importancia que tendrán las informaciones sobre el apellido Martínez en mi próximo libro, me permito transcribir los datos siguientes:

FAMILIAS DE PUEBLOS: SAN JOSÉ DE LAS MATAS. PREPARADO POR MARIO JULIO JÁQUEZ TORRES. ***"EL PRIMER MARTINEZ EN NUESTRO PAIS"***.

"MARTÍNEZ: Existen varias ramas y no se sabe si descienden del mismo linaje, pero el más antiguo de todos es Andrés Martínez nacido hacia 1740, quien casó con Petronila Peralta". Página de la Asociación de Genealogía de la Republica Dominicana.

De acuerdo con mis investigaciones, el padre de mi abuelo paterno, Blas Martínez Sosa, Telésforo Martínez, un gran terrateniente del siglo XIX, desciende del linaje de Andrés Martínez, cuyas principales familias fueron creadas en lo que se conoce como La Sierra. De ahí se diseminaron por la línea noroeste, en los tiempos en que esta parte pertenecía a Santiago de los Caballeros.

LA MARAVILLOSA MUJER DE UN PUEBLO MOJADO A LA IZQUIERDA DEL MORRO.

Por esa razón, los Martínez son una de las familias más numerosas en Santiago Rodríguez, Dajabón, Montecristi y Mao. Igualmente, en las zonas de la conocida Sierra de Santiago de los Caballeros, constituida por San José de Las Matas, Juncalito, Sabana Iglesia. Antiguamente, estaban San José de Ocoa, Jarabacoa y Constanza.

Esta obra: *"El Arzobispo Mena" / Por: Sáez Ramos, José Luís, 1937,* y la *Revista "Clío", órgano de la Academia Dominicana de la Historia, año 85, número 191, mes de enero 2016,* las sugiero a familiares y amigos. Y a los lectores y lectoras de estos relatos.

La Biblia, Lucas 3,21.31. Mateo 1,1-17, citados.

Relatos VII:

Debes Agradecer Lo Poco y Lo Mucho. La Vida Te Devuelve Lo que Da en Abundancia.

Yo no entendía de dónde salían las soluciones a las visitudes enfrentadas por nosotros con nuestra madre, en los momentos de tenerla entre la vida y la muerte, en varias ocasiones.

Recuerdo una ocasión en la que llamé desde mi teléfono celular al teléfono de mi madre en el campo, a requerimiento de una de mis sobrinas, Ana Verónica, nieta de mi madre, quien estaba preocupada debido a que no sabía lo que le sucedía a mi madre.

Verónica, acompañante permanente de mi madre hasta el último día de su existencia, me había dicho de lo que pasaba. Me llamó desde la casa. Le dije: ***"Ponme a mamá al teléfono para saludarla y saber de ella".***

Eso hizo. En esos instantes, Ana Lucía estaba en la casa, junto a doña Romana, Rosario (Charito), mujeres solidarias y caritativas, quienes estuvieron con mi madre hasta sus últimos días.

"Bendiciones, madre", le dije del otro lado del teléfono. Mi madre respondió con voz resquebrajada, apagada, sin fuerzas, balbuceando palabras entrecortadas.

De inmediato, por tener los conocimientos adquiridos a través de la lectura, le dije a mi madre que le pasara el teléfono a Verónica. Ella hizo lo que le pedí. Le dije, como palabras finales: "Todo estará bien, madre."

Cuando Verónica tomó el teléfono le dije que prepararan las ropas, porque mi madre estaba sufriendo un derrame cerebral y yo la iba a mandar a buscar de inmediato, antes de que fuera tarde.

Verónica, junto a los demás en la casa, me obedeció, debido a que ella y mis familiares habían estado sufriendo una nueva recaída de la salud de mi madre.

Me tocaba actuar. Yo estaba en Santiago de los Caballeros, de la República Dominicana y mi madre en El Pocito Guayubín Provincia de Montecristi, a una distancia de casi 100 kilómetros.

Mi madre tenía un derrame cerebral en curso. Yo tenía un buen vehículo para salir a buscarla. El tiempo era el enemigo principal. ¿Qué hacer, entonces?

LA MARAVILLOSA MUJER DE UN PUEBLO MOJADO A LA IZQUIERDA DEL MORRO.

Si decidía salir a buscar a mi madre, probablemente se haría tarde el posible rescate. En la Provincia de Montecristi, en esos instantes, no había posibilidad de poder revertir los efectos del derrame cerebral en movimientos.

No había mañana. Era ahora. La muerte nuevamente, estaba visitando a mi madre.

A los 15 minutos llamo a Verónica para saber de mi madre y me dice que estaba igual. Tenían todo listo. No había quien pudiera trasladarla a Santiago de los Caballeros, donde tenía sus médicos.

No tenía alternativa. Mi madre me necesitaba. En esos instantes, se me ocurre la excelente idea de llamar a mis amigos Sócrates y Orlando, a quienes informé de la gravedad de mi madre.

Le dije que no había de otra que trasladarla a Santiago de los Caballeros o de lo contrario podía morir.

Sócrates Toribio y Orlando Encarnación respondieron al llamado y en menos de media hora, frente a la casa de mi madre, estaba una ambulancia de Guayubín, atendiendo a la emergencia para trasladar grave a mi madre hacia la clínica Unión Médica de Santiago.

Esa actuación de los dos amigos, permitieron que doña negra llegara con vida donde sus médicos.

Incluso, en el camino venía haciendo chistes "del tiesto de vehículo en el que la trasladaban". Se refería a la ambulancia, debido a que en el camino, por la rapidez del momento, el chofer tuvo que salvar situaciones incómodas en el trayecto para poderla trasladar a mi madre y a los acompañantes.

Como les sucede a muchas personas con ese tipo de problemas de salud, pueden no darse cuenta de lo que le pasa. Ella creía estar bien.

Gracias a esa ambulancia, días después mi madre se recuperó. En la novela La Marca de los Ángeles hablo de sus angustiantes episodios y de quienes estuvimos a su lado.

Me pude dar cuenta de la facilidad para tener colaboraciones de personas, familiares, amigos, amigas, cuando se trataba de mi madre.

(Abro un paréntesis para destacar que mi madre hacía uso del humor con frecuencia. Era experta creando motes o sobrenombres a hijos, hijas, familiares o de la gente de la comunidad. Algunos de esos motes, no les agradaban a quienes se los ponía. Lo hacía sin pretensiones de despreciar a ninguna persona. Yo era el peluíto. Otras veces, durante la niñez o la adolescencia, japonesito, por mi tener rasgos asiáticos, sobretodo en la cara y el pelo).

Ella nos decía "Debes aprender a agradecer lo poco y lo mucho, para que La Vida te devuelva lo que da en abundancia".

Sé el poder que tienen esas palabras, para quienes desean vivir la vida libre de los apegos que les pueden dañar sus días. Agradecer es la antesala de tener riqueza. No dinero. La mayoría de las personas creen, erróneamente que Ser Rico es Tener dinero.

Nada más falso. Quienes tienen riquezas, no tienen el dinero como su prioridad. Y es probable que terminen sus días con suficientes recursos para dejarles a sus descendencias.

En casi todas las actividades de crecimientos en las que estoy involucrado y en muchos de los libros que leo, encuentro un axioma que dice que *"si anda detrás del dinero, el dinero tendrá la capacidad de correr más que tú."* La clave no es andar detrás del dinero, sino hacer que el dinero ande detrás de uno, involucrado en producirlo de manera legal, lícita y moralmente aceptable.

Fomentando una actitud de agradecimiento hasta del aire que respiramos, creamos una buena atmósfera para la abundancia o la riqueza. Este relato de mi madre demuestra que agradecer conduce a la abundancia.

Mi madre supo agradecer y con este relato, el autor hace suya esa enseñanza de agradecimiento, extendiéndola a todos los que colaboraron en vida con ella, especialmente a quienes estuvieron fielmente enfrentando los difíciles oficios de atenciones para tener higienizada, arreglada y contenta a la doña.

Debo decir en esta parte casi a la mitad de los relatos, de que con esta obra me ha sucedido igual que con La Marca de los Ángeles. Esa novela recopiló las extrañas incidencias de un caso judicial llevado a efecto por alguien que renegaba los tipos de fenómenos acontecidos, hasta que me tocó en primera persona.

En más de 16 años, empecé a idear el tipo de obra en la que iba a incluir lo sucedido. Finalmente opté por una novela.

En este caso, las enseñanzas de mi madre, los procesos personales; en fin, la Vida me colocó ante la posibilidad de escribir estas historias. Entendí a la muerte de mi madre, las razones de por qué no debía ser una novela.

Una de las diosidencias de esta obra es recibir por fuentes distintas, retroalimentación en la parte final de ella.

En esta ocasión, por ética profesional, estoy reproduciendo unas palabras que me llegaron vías WhatsApp desde el celular de un hermano y amigo especial, el licenciado Miguel Ángel Marte Díaz, con quien he estado compartiendo diálogos interesantes.

LA MARAVILLOSA MUJER DE UN PUEBLO MOJADO A LA IZQUIERDA DEL MORRO.

Antes de poder pasar a copiar los diálogos, acudí a la fuente de google, con el objetivo de buscar la autoría de estas palabras y dar los créditos correspondientes. No encontré autores. De todas formas, las cito en comillas, debido a que no son de mi autoría.

Sí son un aporte importante para estos relatos.

Cito: Hablando un hijo con su abuelo. El hijo pregunta, abuelo, ¿cómo se pierde la vida? (Las citas encajan en estos tipos de relatos).

"El abuelo responde: La Vida se pierde de muchas maneras, hijo. Agregó:"

"Se pierde cuando quieres vivir la vida de otros y no la tuya; criticando los errores de otros y no mejorando los tuyos"

"Se pierde, cuando te lamentas a cada momento por haber fracasado y no buscando soluciones para poder triunfar; cuando te la pasas envidiando a los demás y no superándote a ti mismo."

"Se pierde, cuando te enfocas solo en las cosas negativas y dejas de disfrutar las cosas buenas."

"En fin, la Vida no se pierde cuando dejas de respirar, sino cuando dejas de ser feliz."

Voy a repetir las palabras del personaje José Daniel en mi novela La Marca de los Ángeles, al momento de cerrar el caso enigmático de Roberto Antonio Cabriles Estévez: "No más palabras."

Lo que dicen estas palabras calcan algunos de los diálogos y enseñanzas que aparecen en estos relatos. Mi madre decidió ser feliz. Yo decidí ser feliz. La Vida no tiene guiones escritos. Te permite escribir los tuyos.

Termino este relato con las palabras emitidas por el gran evangelista del siglo XIX, D.L. Moody, quien dijo: ***Haga todo el bien que pueda; a todas las personas que pueda; en todas las formas que pueda y siempre que pueda."***

La filosofía de vida de mi madre anduvo dentro de esas palabras de Moody. Era una hacedora.

Igualmente, las palabras recibidas de mi amigo Marte Díaz responden al espíritu de estos relatos.

Podría decir que son diálogos dirigidos al corazón de cada uno de los lectores y lectoras. Claro, me impactaron a mí.

Relatos VIII:

¿Ayudó El Carácter De Mi Abuela En El Carácter De Mi Madre o Tuvo Ella Suficiente Carácter Para Poder Tener Éxito En Ser Una Madre Prolífera? ¿Y la Programación Emocional, Jugó Su Papel En Ella?

Voy a empezar diciéndole que los dos temas incluidos en cada pregunta, representan en mi humilde parecer, el santo grial para lograr desentrañar las actuaciones pasadas, las presentes y las futuras personales o de los pueblos del mundo, debido a que son comunes a cada ser humano, sin importar raza, pueblo, religiones, historias, colores, culturas, etcétera.

La primera pregunta se refiere al carácter o la personalidad de los seres humanos y la segunda a la programación emocional.

Ustedes se preguntarán, ¿qué importancia tienen esos temas en estos relatos acerca de una mujer caribeña, dominicana de pura cepa?

Créanme que lo que voy a decir sobre mi madre, con toda seguridad, va a abrir muchas mentes y corazones hacia nuevos senderos en sus vidas.

Lo digo porque en la medida en que me expuse a conocer esos dos temas, carácter y programación emocional, mi vida personal entró en una etapa de aprendizaje diferente a la que recibí durante todos los años en las aulas de escuelas o universidades.

Desgraciadamente, la mayoría de los sistemas educativos, incluyendo el de mi país, se centran más bien en programar a las personas para producir ciudadanos y ciudadanas desconectados de sus reales y verdaderos propósitos, a los fines de que respondan a viejos programas humanos, donde El Ser Humano es un número, no un proyecto para hacer evolucionar la vida en los espacios en que interactúan.

El pastoreo inducido por muchas sociedades en la mayoría de las personas, las aparta de los fines incrustados en sus adn para convertirse en agentes de cambios de sus entornos o de sus pueblos, al procurar ser ellas mismas.

Paso a la primera pregunta: *¿Ayudó el carácter de mi abuela en el carácter de mi madre o tuvo ella suficiente carácter para poder tener éxito en ser una madre prolífera?*

LA MARAVILLOSA MUJER DE UN PUEBLO MOJADO A LA IZQUIERDA DEL MORRO.

En otros relatos, he hablado sobre el carácter de mi abuela Ana Celia.

Al finalizar este relato, verán que reconozco mi total desconocimiento de esos temas hasta casi la edad de 50 años, por lo que no se sorprendan los lectores o lectoras, si estos temas los empiezan a asimilar en su justa dimensión a partir de leer estos relatos, con la disposición de querer saber algo más.

Al aplicar los conocimientos aprendidos de los maestros y maestras en las materias, especialmente de la autora de mayor renombre mundial, *Florence Littauer,* mi mente, mi alma y mi espíritu se abrieron a buscar la aplicación práctica de los efectos del carácter en mi propia vida y en las vidas de quienes rodean la interacción de uno mismo o de quienes nos legaron la vida.

Pude entonces saber, por el hecho de haber vivido y ser moldeado por ella en mis primeros años de la existencia, que mi abuela tuvo un carácter colérico dominante, es decir, era una persona con don de mando, con capacidad para dirigir.

No juzgaré acciones ni de mi abuela ni de mi madre, ni de mi padre, ni de mi abuelo, ni otros miembros de las familias, es decir, no las calificaré. Entiendo que esa tarea es personal.

Lo que sí es claro que el carácter de nuestros padres, de nuestros ancestros y de quienes nos rodean, tiene un valor determinante en las relaciones, como podrán autodescubrir los lectores o lectoras, si dan un paso adelante, determinando por sí mismos, los tipos de carácter que tienen, buscando en el árbol genealógico familiar.

Pueden encontrar grandes sorpresas personales o familiares.

La primera pregunta tiene dos vertientes. La formulé para poder decir que ese carácter fuerte de mi abuela no solo influyó en sus hijos e hijas, sino en todo su entorno, incluyéndome a mí.

En mi caso, esas influencias marcadas de mi abuela materna estuvieron durmiendo en mi programación emocional hasta someterme a mi propio auto análisis, lo cual recomiendo a quienes se propongan crecer en todos los sentidos de sus vidas.

Las influencias del carácter de mi abuela materna en la vida de mi madre y todos los que nos relacionamos con ella, eran inevitables, a pesar de que en esos momentos el papel de la mujer no tenía las fuerzas que exhiben las sociedades de hoy día.

De ahí el gran valor de mi abuela. Una mujer que se abrió pasos en una sociedad mayormente machista, gobernada, en la mayor cantidad de sus años de vida, por presidentes megalómanos, personalistas, con poca apertura a producir cambios emocionales en sus gobernados.

Como todos los seres humanos, mi abuela tenía características de los otros tres tipos de carácter que son el melancólico, flemático y sanguíneo. Al ser mayormente colérica, eso le permitió dirigir con éxito a su inmensa familia, como hemos dicho en otros relatos.

Su poder era tan visible que sus hijos e hijas circularon alrededor de ella mientras vivió. Incluso, la consultaban para tomar decisiones o se plegaban a las decisiones que ella señalaba.

Mi madre no se podía escapar a ser influenciada por quien era el símbolo de la autoridad en la familia y hasta para muchas personas ajenas a las familias de la abuela. El viejo Berto reconocía esa autoridad.

La respuesta a la pregunta es positiva y será positiva para todos aquellos que conviven con personas, debido a que el carácter genera la base fundamental en el trato personal. Fortalecer el carácter personal, nos acerca más al éxito en lo que emprendamos, dice John Maxwell.

Fue esa capacidad de dirección de mi abuela, la que también tenía mi madre aun antes de morir la abuela, la que le sirvió para sobrellevar las cargas de un hogar numeroso, diverso, formado por un personal con edades oscilando entre los 3 y 19 años de edad, de hijos, hijas propios o adoptados.

En mis recuerdos puedo rememorar las escenas del patio de la casa materna, la que hasta los días de semanas, mayormente los fines de semanas, tenía la característica de los colegios o escuelas actuales, lleno de niños, niñas y de padres y madres visitando a la abuela. Esas escenas se repetían al mando de mi madre.

He dicho en otros relatos que el carácter dominante de mi madre era flemático con melancólico. La otra parte de su carácter, el colérico, lo tuvo que administrar con sabiduría, cuando sustituyó a mi abuela al frente del hogar.

Relataré dos episodios en los que esa parte colérica de mi madre se hizo clara. Uno de esos episodios me tocó a mí y el otro a mi hermano Nicolás Martínez Mena (Soly). De este último me enteré después de la muerte de nuestra madre.

La abuela Ana Celia también tenía carácter melancólico, con el cual pudo crear y manejar correctamente el dinero. Al momento de fallecer, dejó bienes materiales, los cuales demuestran la inteligencia financiera y económica de la que hizo uso, a pesar de no ser una mujer muy letrada. No se necesita ir a escuelas ni universidades para tener esas cualidades. Al contrario, hasta el momento de estos relatos, las enseñanzas sobre inteligencia financiera, emocional o espiritual, se encuentra fuera de los pensum de las grandes universidades del mundo. A pocos gobernantes les interesan que sus gobernados desarrollen esas inteligencias.

LA MARAVILLOSA MUJER DE UN PUEBLO MOJADO A LA IZQUIERDA DEL MORRO.

Los países donde promueven, enseñan inteligencia financiera, emocional, económica y espiritual, se encuentran a la vanguardia de la evolución humana.

El desarrollo de las redes sociales y el predominio de las nuevas tecnologías son las que permiten ahora tener mejores conocimientos de esas materias.

Antes quienes se manejaban mejor en esas áreas lo hacían por haber recibido programación emocional de sus progenitores, por aprendizajes personales o por desarrollar sus talentos natos, impregnados en sus tipos de carácter.

Puedo decir que gracias a mi abuela, mi madre desarrolló a su lado la parte del liderazgo con la que finalmente salió airosa y exitosa en la crianza de sus vástagos, en el que estoy incluido.

Es imposible escapar a la herencia de los tipos de carácter de nuestros progenitores, debido a que las interacciones de las personas y sus tipos de carácter han generado el gran tema denominado Programación Emocional o Programaciones Generacionales, como lo llaman algunos estudiosos de esos temas tan humanos.

Cuando estamos en actitud de negación de las herencias recibidas, nuestra alma y nuestro espíritu personales pueden mostrar desequilibrios, muchos de ellos con manifestaciones inconscientes.

Ahora bien, como podrán comprobar si abundan en estos dos temas, a pesar de que estamos permeados por los tipos de carácter y la programación emocional de nuestros antepasados o hasta de quienes nos rodean, cada ser humano es único, irrepetible y especial.

Nacemos con un propósito personal, diferente al de cualquier otro ser humano de nuestros entornos. La gran tarea es descubrir ese propósito. Definir ese sello personal. Mi madre lo tuvo definido.

Paso ahora a la segunda pregunta, *¿Y la programación emocional, jugó su papel en ella?*

El tema de la programación emocional es de una transcendencia especial para mí, por las implicaciones que tiene en la convivencia con los demás.

Claro que la programación emocional jugó su papel en las actuaciones de mi madre. También juega y jugará sus papeles en cada ser humano.

Aquí radica la mejor parte al exponernos a los conocimientos y aplicarlos en la vida personal.

Mientras que el carácter es un sello inevitable con el cual nacemos, la programación emocional es el resultado de interactuar con las personas, especialmente con nuestros núcleos primarios, constituidos por las familias y los entornos en los que nos desarrollamos.

La programación emocional personal se genera por distintos factores, teniendo un amplio poder las asociaciones con personas, las familias, los medios de comunicación, las universidades, las escuelas, los gobiernos, gobernantes, líderes, los libros, las religiones, las filosofías y todo aquello que produzca creencias, convicciones, actuaciones y sentimientos.

Por lo tanto, la programación emocional, junto al carácter, es clave para entendernos y entender a los demás. He comprobado en mi propia experiencia que conocer la programación emocional, alineándola con los tipos de carácter personales, nos llevan a reducir un alto porcentaje de conflictos, con la ventaja de ponernos en condiciones hasta de evitarlos.

Identificar los tipos de programación emocional al que hemos estado expuestos, puede aportar la diferencia entre vivir una vida de calidad, felicidad o de mediocridad sin proponérnosla.

A diferencia del carácter, la programación emocional es modificable, mejorable.

Para poder entrar en la fase de mejorar nuestra programación emocional, se necesita acceder al autoconocimiento de esa programación y qué parte de ella no nos gusta. Entonces, ponernos en actitud de aceptar, aprender, desaprender y cambiar.

De nuevo cito a ***Maxwell en su libro Las 21 Leyes Irrefutables del Liderazgo.*** En ese libro, el autor nos confronta con nuestra propia programación emocional, ***aportando herramientas para poder desarrollar la mejor cualidad para el éxito personal: el liderazgo sano, sin manipulación, coerción o seguimiento ciego.***

El mundo de los conocimientos puede aportar a cada ser humano, en la medida en que se hace consciente de aplicar lo aprendido a su propia historia personal.

De eso habla Maxwell en el libro Las 21 Leyes Irrefutables del Liderazgo.

Lo que me ha sorprendido a mí y estoy seguro sorprenderá a más del 80% de los que lean estos relatos, fue descubrir que todas las informaciones sobre el carácter y la personalidad datan de miles de años. El tema de la programación emocional es más reciente.

Se puede decir que en las enseñanzas sobre los pueblos antiguos relatados en La Biblia y los libros sagrados de las tres grandes religiones del mundo, El Judaísmo, El Cristianismo y el Islamismo, hablan de las programaciones emocionales de esos pueblos y personas.

Probablemente, los primeros gobernantes del mundo lo sabían, haciendo usos de esas informaciones para conquistar el poder, mantenerlos o transmitirlo a sus familiares, pudiendo hasta manipular a sus gobernados.

LA MARAVILLOSA MUJER DE UN PUEBLO MOJADO A LA IZQUIERDA DEL MORRO.

Por otro lado, también es posible que el surgimiento de regímenes totalitarios, sanguinarios, hayan estado dirigidos por personas con el desarrollo de las cualidades negativas atribuidas a cada uno de los cuatro tipos de carácter estudiados por científicos, filósofos, maestros de la ley, gurúes, monjes, dirigentes o ciudadanos particulares en el discurrir de la historia humana.

Obras literarias como **El Quijote, de Miguel de Cervantes y Saavedra; El Príncipe de Maquiavelo; Las 48 Leyes del Poder, de Robert Greene y Joost Elffers; El Político de Azorín,** entre otras, nos sirven de fuentes para comprobar estos temas.

He podido darme cuenta por mis propios autodescubrimientos, que esas materias, no universitarias, ni de escuelas, a lo largo de los procesos evolutivos de las distintas razas, pueblos o personas del planeta, tienen el poder de ayudarnos a conectar con nuestra realidad espiritual y con las realidades vividas por nuestros antepasados o por las personas con las que interactuamos a diario.

Esas dos materias, como han podido leer, son la programación emocional y las manifestaciones del carácter o la personalidad individual.

A medida en que desarrollo cada uno de los relatos, mis palabras persiguen entender actuaciones propias de mi madre y el impacto que ellas producían en mí y en mis hermanos, hermanas o familiares interactuantes con ella. Deseo despertar en los lectores las ganas por descubrir lo que yo he descubierto.

Por esa razón, dejaré al finalizar este relato, los títulos de varias obras en las que se estudian a profundidad varios de los temas tratados aquí, las cuales estoy seguro provocarán en muchas personas un despertar a la vida sana y a abandonar los hábitos más destructivos en los seres humanos que nos llevan a acusar, condenar, señalar o maldecir, la mayoría de las veces apoyados en nuestros propios defectos.

Debo decir que producto de las manifestaciones de los tipos de carácter en los familiares y las programaciones de cada integrante, es posible que se adopten actitudes que no son propias de quienes las adoptan.

Littauer las describe nítidamente. Ella nos enseña que muchas veces podemos estar actuando como coléricos, flemáticos, sanguíneos o melancólicos sin que uno de esos caracteres sea el dominante.

De paso, es imposible hasta lo que se ha estudiado, que una persona tenga un solo tipo de esos carácter. Todos tenemos una combinación de varios de esos tipos. Esas combinaciones generan la personalidad individual. De tal manera que al decir de la mayoría de los estudiosos de las materias tratadas, la personalidad es una sola, mientras el carácter se forma de las combinaciones de los cuatro tipos reconocidos y estudiados desde los tiempos antiguos.

Hasta la Declaración Universal de Los Derechos del Hombre estableció que la perfección es el único don que la naturaleza le ha negado al ser humano y aun reconociéndolo tratamos de perfeccionarnos.

Quienes escribieron esa joya de manual para la convivencia pacífica de la humanidad, conocían del poder de los seres humanos, provenientes de los distintos tipos de carácter.

Para mantener los relatos en las tónicas escogidas por el autor, debo ir concluyendo en el sentido de que no ha nacido un ser de carne y hueso, normal, con el 25% de cada uno de los cuatro tipos de carácter.

¡Sería una gran proeza ser 25% colérico; 25% flemático; 25% sanguíneo y 25% melancólico, sumados es el 100%!

Cuando estudien a los autores que voy a sugerir entenderán mejor lo que digo sobre esos porcentajes.

Todos los autores hablan de las virtudes y de los defectos atribuidos a cada uno de los cuatro tipos de carácter. De ahí la importancia de auto examinarnos para saber qué somos de cada renglón. No es materia de estos relatos establecer porcentajes.

Como dije anteriormente, mi madre tuvo mayormente un carácter combinado de flemático con melancólico. E hizo uso de su parte colérica, especialmente al sustituir a mi abuela en la casa materna.

Prometí para este final referir dos acontecimientos de mi madre en los que revelaba la parte colérica de su carácter.

Empezaré por el mío. Cuando yo tenía como 9 años, mi hermana Flor María, quien era la que se quedaba al frente de nosotros en ausencia de mi madre, me corrigió una actuación incorrecta al momento de ella proceder a repartir las raciones de la comida de las doce. Me puso en mi lugar, o sea ejerció su papel de correctora. Reaccioné de forma desmedida y le tiré una piedra en los pies de mi hermana, que era mayor que yo, alcanzándola en la pierna derecha, específicamente en el tobillo. ¡Tremendo chichón se le formó!

Al darme cuenta de lo que hice, salí huyendo hacia una de las fincas dejadas por mi abuela Ana Celia, ubicada en la Sección La Antona, cerca del Pocito. En el camino, me desvié, para evitar que me encontraran.

Al regresar mi madre, fue informada de mi travesura. Salieron en mi búsqueda, sin resultados en las primeras horas.

La dificultad para encontrarme quedó superada al caer la tarde. Me encontraron. "Está cogido, muchachito malcriado", dijo José Adalberto, al descubrirse mi escondite.

LA MARAVILLOSA MUJER DE UN PUEBLO MOJADO A LA IZQUIERDA DEL MORRO.

Buscando evadirme de lo que me podía venir, tomé un camino cerca de una pequeña finca propiedad de mi tío fallecido Leónidas Mena Belliard (Tío Lión). Allí trepé en una mata con amplios follajes, con el fin de no ser detectado, lo cual logré durante varias horas.

Me iban a encontrar como quiera. Ese era mi temor. Ese temor lo tenía porque en otra ocasión en unión con mi primo hermano José Luis Peña Mena (Cheo) le hicimos una bellaquería a mi abuela Ana Celia. ¡Se imaginan lo que pasó! Fuimos atendidos como tenía que ser: con una de esas pelas proverbiales de nuestros viejos.

Yo veía a parte de las personas que me andaban buscando desde aquella mata, apoderándose el miedo de mí en la medida en que avanzaban las horas del día.

Lo que no sabía era que en la mata donde estaba subido se me podía observar, ver desde una parte del cerro de la virgen, en el cual vivía mi tía Ángela Santana Belliard y el matrimonio de doña Reyes y Ramón.

Gracias a ellos ver los movimientos extraños en algunas de las ramas de la mata donde me subí, me pudieron encontrar al caer la tarde.

Me bajaron. Al llegar a la casa, mi madre, igualito como hizo mi abuela cuando la súper bellaquería mía y de Cheo, no mostró estar alterada, ni con intenciones de hacer nada.

Recibí el castigo correspondiente de mi madre. Lo estoy relatando porque fue la única ocasión en la que me dio mi pela, la que me gané por mi mala actuación con Flor María.

Debo decir, en honor a mi hermana Flor María, que gracias a que ella ejerció una correcta autoridad sobre quiénes éramos más jóvenes que ella, años más tarde, sus enseñanzas, incluyendo la que generó mi exabrupto de la pedrada, me sirvieron para poder sobrevivir a condiciones hostiles en los estudios de mi carrera universitaria y en la vida actual. Gracias, hermana Flor María Martínez Mena (Florcita).

Mi madre no reparó en que yo era el más pequeño. Me dio mi merecido. Así se criaba en mi casa materna.

El episodio conmigo lo creía único hasta que murió mi madre. Hubo otro con mi hermano Soly, como dije al principio, en los cuales mi madre hizo uso de la parte colérica de su carácter.

Soly en esos tiempos, estudiaba junto a mi otro hermano José Adalberto Martínez Mena (Nene) en la Escuela Nacional de Artes y Oficios, mejor conocida como La Perito, en la ciudad de Santo Domingo de Guzmán, Distrito Nacional.

Soly se graduó de Técnico en Radio y Televisión y Nene de Técnico en Electricidad, lo que era un adelanto en esos tiempos, por ser dos carreras eminentemente técnicas. La de mi hermano Nene tiene su equivalencia ahora en la Ingeniería Eléctrica, la que no se impartía en aquellos años en instituciones educativas públicas o privadas en la República Dominicana.

Nos contaba Soly, en una de las reuniones de la celebración del primer año del fallecimiento de mi madre, un inédito hecho en el que nuestra madre aplicó las reglas de sus enseñanzas maternas.

Soly y Nene visitaban a nuestra madre en algunos fines de semanas desde Santo Domingo hasta El Pocito. Recuerdo que eran mi madre y Flor María quienes lavaban las ropas de ambos, para que se las llevaran limpias y planchadas.

En uno de esos viajes, Soly tuvo un altercado con Luchy, a quien ofendió de palabras, al punto de abofetearla. Mi madre salía a trabajar y Flor María asumía el control de la casa.

A mi madre la informaron del incidente. Nicolás se había marchado hacia la ciudad de Santo Domingo a continuar sus estudios.

Nuestra madre, quien nunca había ido a esa ciudad, tomó rumbo a Santo Domingo. ¿Saben a qué fue mi madre?

Soly fue informado de la presencia de mi madre. Ella fue hasta La Perito. Allá le dio su pela a Soly como retribución a lo que le hizo a Luchy.

Dijo Soly que la sorpresa fue conmovedora para él y sus compañeros de clases. A doña Negra la tuvo a atropellar un vehículo, cuando intentó cruzar la concurrida avenida Máximo Gómez del Distrito Nacional, la cual debía atravesar para poder penetrar hasta La Perito. Un chofer de carro público hubo de dar tremendo frenazo para no alcanzarla. Gracias a Dios, nada sucedió. Las gomas del carro quedaron dibujadas en la calle del tremendo frenazo, cuenta Nicolás.

 Conmigo y con Soly, y esto era parte de las correcciones hogareñas de nuestros tiempos, funcionó "La operación chancleta o la operación correa o vara."

Esas dos acciones revelaban en nuestra madre un carácter de mantenernos dentro de los límites del respeto en el hogar, sin delegar en nadie las correcciones de sus vástagos.

Para poder brindarles a los lectores y lectoras, esas enseñanzas de nuestra madre, he querido hacer uso de algunos conocimientos sobre programación emocional y los cuatro tipos de carácter.

En países como los Estados Unidos de América o en Europa, los padres no pueden corregir a sus hijos e hijas con esos métodos.

LA MARAVILLOSA MUJER DE UN PUEBLO MOJADO A LA IZQUIERDA DEL MORRO.

Sin embargo, vistas las enormes distorsiones, las alocadas actuaciones de las generaciones nacidas a partir de las décadas de los años 1980, 1990, conocidas como Millennials y Generación Y, el mundo se está replanteando hacer cambios para detener las oleadas de estupideces a las que recurren muchas personas en el mundo, lo cual está contribuyendo con el auge de las violencias y las instauraciones de nuevos y extraños valores, en contradicción con los valores que dominaron épocas anteriores.

Hemos dicho en otros relatos que no estamos de acuerdo en que existan inversiones o pérdidas de los valores tradicionales. Lo que vemos es el nacimiento de nuevos valores. Los valores del Respeto a los padres, a nuestros mayores, siguen siendo valores, independientemente de lo que sucede en el mundo actual.

Por otro lado, he dicho que el surgimiento de nuevos valores ha venido creando situaciones indeseadas e indeseables en el mundo actual, por el hecho de que se irrespetan los principios universales, los cuales son válidos para quienes ajustan sus vidas a valores o antivalores.

El surgimiento de nuevos valores puede estar contribuyendo a desajustes en las sociedades de ahora.

Antes, ahora o después, lo que genera o generará las violencias, los crímenes o los delitos, son las violaciones a los principios universales.

Finalizo este relato, uno de los más extensos de la obra, invitando a los lectores y lectoras a descubrir sus tipos de carácter y la programación emocional.

Lo sugiero porque, aunque usted sea del carácter que sea, se va a encontrar con la buena noticia de que no somos seres terminados. Escuché decir a uno de los líderes de la universidad no presencial a la que pertenezco, en la me formo como coach, llamada Linc, José Bobadilla, de que somos seres imperfectos creados por un Dios perfecto. Por esa razón, lo que recibimos como programación se puede desprogramar y reprogramar.

Si somos programables, también somos desprogramables. Eso está demostrado. Aceptar, aprender, desaprender, reaprender y cambiar, tiene la clave. Y la clave mayor es lograr esa desprogramación, descubriendo nuestro propósito personal, desarrollando al máximo el potencial colocado en cada ser humano por el Hacedor Universal, la Mente Maestra de la que he hablado ampliamente.

Al enfrentarnos con nuestra programación, iremos tras la búsqueda de la parte más emocionante para mí: encontrar ese propósito personal de vida, el cual viene envuelto en los tipos de carácter que traemos y en ese talento único que nos hará vivir una vida plena, hacia la felicidad, sin dañar, ni competir con nadie.

El que descubre el propósito de su vida, no tiene tiempo para querer interferir negativamente en las vidas de los demás. La misión de cumplir ese propósito lo mantendrá ocupado, sin preocuparse.

Sé que mi madre descubrió su propósito; vivió el mismo y por esa razón, sus días finales los vivió con felicidad, a pesar de sus enfermedades. Quienes estuvimos a su lado lo sabemos.

La muerte a ella no debió asustarla las tantas veces que la visitó. *Quienes la vieron exhalar sus últimos alientos de vida me han testimoniado que ella se fue como vivió: EN PAZ.*

Saber eso, más las razones expuestas en estos relatos, fue la razón principal de no albergar sentimientos de infelicidad con su partida, independientemente de que perder una joya como ella dejará siempre un vacío que lo único que lo puede llenar es mantener vivo su hermoso legado.

A un amigo de los que leen mis escritos, le di acceso a varios de los relatos, especialmente en los que traté los temas *"Carácter y Programación Emocional."* Hicimos juntos valoraciones de esos temas. Sus observaciones, bastante amplias, son capaces de servirme para futuros escritos.

Sin embargo, acepté incluir mi valoración a varias de sus inquietudes. Uno de ella fue una pregunta. *¿El Carácter determina que seamos malos o buenos? ¿Delincuente o persona sin delitos?*

Me cuidé de dar respuestas apresuradas a tan delicadas preguntas. Por eso, acordamos que mis hallazgos los pusiera en esta obra. Es lo que estoy haciendo. En tal sentido, estas fueran mis respuestas posteriores a las preguntas: *El Carácter y La Programación Emocional no definen lo que eres, sino quién eres, como persona. Ser malo, bueno, delincuente o no, nada tienen que ver con esos temas. Porque lo que decides ser es responsabilidad personal.*

Lo que sí aportan los tipos de carácter, no así la programación emocional, son cualidades positivas o negativas. Lo que cada persona haga con ellas es su absoluta responsabilidad. Nadie nace dañado. Somos proyectos para hacer avanzar la humanidad.

Otra de las consideraciones para responder las preguntas fue establecer que la programación emocional es la que genera los sentimientos personales o colectivos. Esto tiene una importancia capital para acercarnos a conocernos y a conocer a los demás.

LA MARAVILLOSA MUJER DE UN PUEBLO MOJADO A LA IZQUIERDA DEL MORRO.

Esa programación emocional, más la suma de los tipos de carácter, son las responsables de las ideas dominantes o no, desarrolladas por familias o pueblos. De ahí vienen los prejuicios, las malquerencias, los malos tratos, los abusos y hasta las injusticias familiares o sociales.

En razón de que La Biblia contiene enseñanzas al alcance de todos, le referí a ese amigo las opiniones emitidas por uno de los se convirtió en discípulo de Jesús. Quise poner este ejemplo para ilustrar el poder que tiene la programación emocional sobre pueblos o naciones. Nathanael fue invitado a conocer al Mesías por parte de uno de los discípulos directos de Jesús. Cuando le dijeron que Jesús era de Nazaret, nacido en Belén, dio una respuesta basada en su percepción. ¿Qué dijo y cómo se aplica eso al diálogo con el amigo?

Veamos:

"Felipe halló a Nathanael, y le dijo: Hemos hallado a aquel de quien escribió Moisés en la ley, así como los profetas: a Jesús, el hijo de José, de Nazaret. Nathanael le dijo: ¿De Nazaret puede salir algo bueno? Le dijo Felipe: Ven y ve. Cuando Jesús vio a Nathanael que se le acercaba, dijo de él: He aquí un verdadero israelita, en quien no hay engaño. Le dijo Nathanael: ¿De dónde me conoces? Respondió Jesús y le dijo: Antes que Felipe te llamara, cuando estabas debajo de la higuera, te vi. Respondió Nathanael y le dijo: Rabí, tú eres el Hijo de Dios; tú eres el Rey de Israel. Respondió Jesús y le dijo: ¿Porque te dije: Te vi debajo de la higuera, crees? Cosas mayores que estas verás". Juan 1, 45-50.

Aquí entran en juego cada una de las respuestas a lo que el amigo buscaba. No eres lo que el otro cree que eres; tampoco sabe quién es el otro, con bases a lo que sabes; importa poco de dónde eres, sino lo que eres. Puedes provenir de un barrio o campo, o familias problemáticas y ser una persona sana, confiable. Por último, lo que determina generalmente, la percepción que tenemos del Mundo y de Las Personas, son las creencias y las convicciones.

Por eso, juzgar, emitir opiniones prejuiciadas, condenar a los demás sin conocerlos y hasta dudar de la existencia del mismo Dios, teniendo el privilegio de "verlo, tocarlo, hablarle, sentirlo, escucharlo, seguirlo" es el resultado de lo que tienes dentro de ti. Nathanael puedo ser yo o puede ser tú.

Con estos párrafos acerca del Carácter y la Programación Emocional, finalizo este extenso relato, dejando un breve listado de obras importantes acerca de los temas en el mismo.

"Los Principios y El Poder de la Visión, del pastor fallecido Myles Munroe" *"Enriquezca Su Personalidad, Cómo Entender a los Demás Por Entenderte a Ti Mismo"; "Descubre tu genuino yo descubriendo las raíces de El Árbol De Tu Personalidad",* ambos de Florence Littauer.
Libro: *"Temperamentos Controlados por el Espíritu, de Tim Lahaye." "El Poder Ilimitado de la Mente Subconsciente, del Dr. Camilo Cruz". "Los cuatro tipos de temperamentos, del Psicólogo Arturo Torres",* página de Internet: https://psicologiaymente.net/personalidad/temperamentos-ser-humano#!
Se pueden acceder a millones de informaciones en las redes sociales procurando los temas tratados aquí

LA MARAVILLOSA MUJER DE UN PUEBLO MOJADO A LA IZQUIERDA DEL MORRO.

Relatos IX:

Cánticos De Ángeles Brotaban Por Sus Labios. La Iglesia Era Su Escenario.

La música se encuentra sembrada en los adn de los descendientes de Ana Celia Belliard de Mena y Bertilio Mena de la Cruz. (Incluyo a las familias Martínez y Contreras. La madre de Bertilio se llamó Guadalupe de La Cruz Contreras (La Vieja Lupe).

Para solo citar dos ejemplos, Bertilio fue músico, habiendo entre los Mena personajes tan relevantes como Elila Mena, quien se destacó en el arte de la República Dominicana. En la actualidad, el Conservatorio Nacional de Música de este país lleva su nombre. Ella fue descendiente de Emilio de Mena, emparentado con Bertilio por la línea paterna.

Igual pasó con Ana Celia Belliard, con un hermano, mi abuelo Blas Martínez Sosa, un gran músico de canciones típicas. Era versátil.

Estos tres párrafos me permiten relatar una de las cualidades desconocida de mi madre que impactaron los primeros años de mi vida.

Siendo un niño, vivía junto a mi madre, frente al local principal de la iglesia católica de mi pueblo, la cual está instalada en una construcción de las pocas que quedaron en pies a la salida de la República Dominicana de la Grenada Company, la Chiquita Banana.

Recuerdo que iba pegado de las manos de mi madre a las misas, especialmente los domingos en las mañanas.

Allí, cuando se montaban los coros a las canciones propias de las misas, mis oídos escuchaban de los labios de mi madre, unos tonos impresionantemente bellos. Por eso he dicho que de sus labios brotaban cánticos de ángeles y la iglesia era su escenario.

En ninguna otra parte, mi madre cantaba esas canciones. Su voz retumbaba el lugar, pudiendo ser escuchada fuera del recinto de la iglesia.

Una hermana de ella, fallecida, Florencia Mena Belliard, también cantaba canciones en las misas del pueblo.

En mi interior han quedado sembrados esos recuerdos. Si suenan esas canciones hasta en idiomas extranjeros, las puedo identificar con facilidad, por haberlas escuchado de los labios de mi madre.

No toda la música se puede asimilar a voces de ángeles. Estoy hablando de canciones de melodías famosas, algunas de las cuales mi madre y sus acompañantes muchas veces cantaban a capela, debido a la falta de instrumentos en la iglesia.

Generalmente, son melodías de origen europeo o de las ciudades antiguas, popularizadas inicialmente en el idioma latín y pasadas de generación en generación hasta hoy.

Cuando asisto a conciertos de artistas barítonos, mezzo-soprano o sopranos, afloran esos hermosos recuerdos de la voz de mi madre.

Una de sus nietas, **María Esther Martínez Barrientos,** hija de mi hermano mayor José Adalberto, parece haber heredado la voz de mi madre. Ella canta como ángeles en la actualidad y lo hace dentro de la congregación cristiana a la que pertenece.

¡Se repite la programación emocional familiar en el canto!   ¿Qué nos dice esta similitud? Debo recordar que la programación tiene base en el inconsciente de cada ser humano.

No hace poco estuve en una actividad donde se presentaba el excelente grupo de Santiago de los Caballeros *Las 37 por las Tablas*, y al escuchar a varios artistas, hembras y varones cantar canciones en inglés, francés, latín y castellanos, los recuerdos de mi madre cantando en la iglesia salieron de nuevo. Disfruto esos recuerdos de una madre adorable en todo el sentido de la palabra.

Escuchar canciones semejantes a las voces de ángeles o querubines es un privilegio para cualquier ser mortal y mi madre exhalaba por su boca, esas melodías espirituales.

Conforme lo dice el historiador y cronista, Dr. Pedro R. Batista, en su obra *"Santiago a Principios de Siglo",* las voces especiales en el canto reciben nombres distintos: "Las voces de los hombres (tenor, barítono y bajo) y de las mujeres (soprano, mezzo-soprano y contralto". (Página 167 de dicha obra).

Supe luego que la voz de mi santa madre era mezzo-soprano. No es lo mismo escuchar esas voces que permitirle a nuestros oídos la entrada de cantantes estridentes, balbuceando piezas desaforadas, con letras indignantes, invitando a las más bajas pasiones, que sentarse a digerir canciones tranquilizadoras del espíritu humano. La música, se ha comprobado, juega un papel importante para la quietud o la agitación de las personas.

"Santiago a Principios de Siglo". Del Dr. Pedro R. Batista C. Editora Panamericana, C Por A, Santo Domingo.

Esa obra tiene informaciones de primeras manos, para quienes se interesen en conocer la historia nacional. Es lapidaria en cuanto a descripciones de Santiago de los Caballeros al comenzar el siglo XX. Me ha servido de apoyo, para confirmar datos que tenía acerca de las familias Mena, Martínez, Díaz, Estévez, entre otras.

No amplío el tema de las familias, de forma expresa, debido a que esas informaciones están reservadas para cuando termine de completar las piezas faltantes. Con esta obra, la que he leído afanosamente, queda poco para tener esas piezas, las que entrarán en el álbum genealógico familiar, del que he encontrado referencia hasta en la Santa Biblia, y más allá, como han podido leer.

Relatos X:

Mi Madre Oraba En Público Y a Solas También. Supe del Poder Infinito De Una Madre Que Ora.

Lo que voy a relatar será breve. Sin embargo, las enseñanzas son imperecederas en mi vida interior.

Como he dicho en otros relatos, mi madre quedó al frente de sus hijos y de otros hijos al morir la matrona de la familia, Ana Celia.

Yo vivía, igual que mis hermanos y un gran número de familiares, en la casa materna, la que al día de hoy se conserva, teniendo una gran extensión de terrenos.

Cada vez que en nuestra comunidad se iniciaban fenómenos naturales, como lluvias fuertes, granizadas, ciclones, terremotos, sismos, entre otros, quienes estábamos cerca de ella, veíamos a mi madre caminar por todas partes rezando en alta voz.

Mientras los fenómenos naturales estuvieran vigentes, ella seguía rezando públicamente. Nadie la molestaba, ni nadie se molestaba por eso.

Además de permanecer en esa actitud de rezar tipo alabanzas, ella lograba calmar posibles temores de quienes éramos chicos y chicas pequeños, bajo su mandato.

Confirmaba su fe ante la fuerza del creador del universo, Dios. También, le rezaba a la madre espiritual del pueblo dominicano, la virgen María, de la que murió siendo devota.

Mi madre solía salir al patio aunque estuvieran produciéndose fuertes aguaceros, granizadas o vientos con plegarias a viva voz.

No tuve la virtud de aprender esa hermosa cualidad de mi madre, hasta que algunos desagradables acontecimientos llegaron a mi existencia. No oro como ella a viva voz. Sí entendí que debo orarle al padre celestial. Así lo hago.

Lo que sí impactó mi vida espiritual fue descubrir que mi madre, todos los días, en su cama, oraba por cada uno de sus hijos e hijas, a quienes encomendaba a Dios por sus nombres completos.

¿Cómo supe esto?

LA MARAVILLOSA MUJER DE UN PUEBLO MOJADO A LA IZQUIERDA DEL MORRO.

Si ella lo hacía mientras fui niño o adolescente a su lado, no me di cuenta o lo haría en silencio.

Siendo mayor de edad, habiendo emigrado a vivir fuera de la comunidad en la que nací y me crie hasta ser adulto, visitaba frecuentemente a mi madre, como lo sigo haciendo con la comunidad aun con su desaparición física.

Hasta parte de mi adolescencia, dormía en la misma cama de mi madre.

Al regresar a la casa materna, a verla y compartir con ella y familiares, en la casa materna donde existen camas suficientes para quienes decidimos ir de pasos.

En varias ocasiones, habiéndose acostado mi madre, yo sigilosamente, para no despertarla, entraba a su habitación, algunas veces regresando de las calles.

Pude comprobar en muchas ocasiones, que mi madre oraba permanentemente al creador, pidiendo protección para todos sus hijos e hijas, nombres por nombres.

Créanme que en otras etapas de mi vida, en las que desarrollé un espíritu rebelde propio de quienes han sido heridos en sus interiores, encontrar a mi madre orando fervientemente eso no me hubiera impactado.

Por lo que yo asimilo como diosidencia, no coincidencia, mientras tuve ese espíritu de rebeldía superado, no había escuchado a mi madre orar en soledad.

Sí estaba con ella con oraciones en público, como he relatado. Con el tiempo, empecé a hacer lo mismo que hacía mi santa madre.

Aunque quien lea estos relatos, crea o no crea, en la protección de un ser superior, me consta que las oraciones de mi madre, en lo que a mí y a mis hijos me constan, surtían sus efectos. He leído varios libros sobre el poder de una madre que ora. Si cada ser humano entendiera que la mejor manera de entrar en el reino del Padre Celestial, es la oración sincera, muchos problemas humanos quedarán solucionados.

Puedo testimoniar que nuestro creador escucha las oraciones y las que son elevadas por las madres pidiendo la protección de sus hijos e hijas, de seguro que el creador le otorga un mayor rango. No se trate de pedidos, quejas, lamentos o fastidios al padre celestial, sino una conexión divina en pos de mantener los corazones atados al corazón infinito de Dios Padre.

La oración centrada en el padre celestial y en su hijo Jesucristo genera frutos de abundancias y de mucho amor, el cual le sobraba a mi madre.

Una madre o un padre que ora a Dios, a Jesucristo y al Espíritu Santo por las criaturas que salen de sus vientres, y por sus hermanos o el prójimo, y hasta por sus enemigos reales o imaginarios, logra mantener esa conexión que nunca debemos romper con el creador.

En gran parte de mi vida, esa conexión estuvo rota. Conozco las consecuencias de esa ruptura. Gracias a mi madre, hice esa reconexión, la cual mantendré para siempre.

La Biblia es rica en pruebas de los frutos logrados, cuando vencemos el poder de la carne y nos centramos en la parte espiritual. Gálatas 5 nos habla de eso.

Esa oración centrada fue uno de los poderes ocultos usados por mi madre. Y ese poder lo tenemos todos a nuestros alcances. Una madre o un padre que ora, pueden cambiar las vidas de sus hijas e hijas, aunque ni ellos mismos lo sepan.

El poder de la palabra antes, hoy y siempre, nadie lo discute. ***Cuando la palabra se convierte en oración, en conversación, al padre celestial, ese poder puede romper las leyes de la Naturaleza y de la Física. ¿Lo dudan?***

¿Qué explica las curaciones a distancia de Jesucristo y de las oraciones centradas en Sanación Interior o Espiritual?

¿Cómo opera esta capacidad creadora y creativa del ser humano, con la que he descubierto que nada, absolutamente nada de lo que veo como materia, existió antes de poder entrar en la mente de alguien, convertida en pensamientos y luego en materia?

¿Será que la materia más poderosa de las personas son los pensamientos? ¿Se puede expresar el Poder de Dios en la energía de tus pensamientos? ¿Pueden los pensamientos tuyos llegar hasta la Mente del Padre Celestial?

Si es así, ¿pueden los pensamientos crear o tocar universos inmateriales?
Entiendo que la respuesta es positiva para mí. Por lo tanto, la vida espiritual es una realidad.

Estas preguntas solo vinieron a mi mente, cuando me quité la máscara del absolutismo mental en el que cae la mayoría de las personas, al aceptar conceptos acuñados por otros, sin usar la parte más profunda del ser. Esa que te dice que somos demasiado grandes como para creernos que no haya alguien más grande que nosotros, en alguna otra parte de las galaxias o escondido donde menos exploramos.

Estamos tan ocupados en sobrepasar los límites de los demás que no nos damos cuenta de nuestro propio poder.

Mi madre usó el poder de las oraciones. La mayoría de las veces en silencio. Fui testigo de primera línea de eso, aun en momentos en los que casi abrazo el ateísmo como mi religión.

Digo religión, no práctica religiosa, porque generalmente quien no cree en Dios cree en algo. Estuve ahí.

LA MARAVILLOSA MUJER DE UN PUEBLO MOJADO A LA IZQUIERDA DEL MORRO.

No es lo mismo ser religioso que ser espiritual. Para muchos ateos, las narraciones de La Biblia constituyen fábulas o conjeturas, cuestionando generalmente, sin haber leído o entendido un solo libro completo de los tantos existentes en ese texto sagrado. Sin embargo, abrazan como buenos y válidos autores de temas económicos, sociales, históricos, antropológicos, asimilando sus escritos a palabras que alcanzan la categoría de anti dioses. Creen, como creí yo durante mucho tiempo, que las obras de estos autores son la antítesis a la palabra de Dios expresada en La Biblia. ¡Cuán equivocado estuve yo antes!

Por ejemplo, hay un reportaje pormenorizado, científico, inatacable hasta los momentos en que escribo estos relatos, el cual está al acceso del que quiera en las redes sociales, echando por el suelo la teoría evolucionista. Además, siguen apareciendo fósiles de animales prehistóricos iguales a los actuales, lo que genera la pregunta, ¿Y la evolución de esos animales? Por otro lado, como dijo un niño predicador y adolescente ahora: Los monos siguen teniendo monitos. Si salimos de los monos, ¿qué les pasa a las distintas razas existentes?

Un amigo mío me dijo una vez que sus dudas de la creación les asaltan la mente, cuando se pone a verles las chembas (Eso es las boconas de personas en idioma dominicano) a algunos de sus amigos. ¡Parecen monos!, me dijo una vez. Le respondí: ¿Tú te has visto en un espejo? Duró dos semanas sin hablarme.

Con el ateísmo, te acostumbra a hacer muchos ruidos contra Dios. Esos ruidos nos alejan del creador. A Dios le gusta, mayormente el silencio.

Puedo asegurar que los hijos e hijas de mi madre sobrevivimos junto a ella por su desarrollada capacidad de conectar con el padre celestial a través de las oraciones. La lógica humana no explica los resultados obtenidos por ella, en medio de tantos sacrificios.

La palabra; los pensamientos, la conexión espiritual parecen guardar mayores secretos para los humanos que el Universo observable. Aun así, los humanos estamos muy ocupados viendo o juzgando lo que vemos.

Hay "una visión" que es más importante que la Vista. Los que solo usan la Vista crean mundos parecidos al de las hormigas. Los que desarrollan Visión puede traspasar las barreras del tiempo y hasta "violar las leyes físicas conocidas". Ejemplos sobran. Escojan sus favoritos. Los míos están presentes en estos relatos, aunque por las características de los mismos, la lista está incompleta.

Relatos XI:

El Poder De La Unión Familiar Que Se Perdió Sin Darnos Cuenta.

He relatado algunas impresiones acerca de mi abuela materna, Ana Celia y la continuidad de responsabilidades de ella asumidas por mi madre con la muerte inesperada de la matrona del pueblo.

Este relato en realidad puede tener aires de nostalgias, por el hecho de que en vida de mi abuela y con posterioridad a su desaparición física, *la gran fortaleza de las familias era la unión familiar.*

Se hizo casi una norma sagrada, permanecer unidos ante eventualidades de cualquiera de los integrantes de las familias.

"Las familias Mena Belliard, son gentes unidas. Mantienen las veladas familiares", decían quienes conocían de aquellas actividades celebradas en la casa materna, en veladas nocturnas, donde se amanecía comiendo, bailando, cantando, bebiendo, haciendo chistes o repartiendo abrazos entre quienes esperaban esas actividades para reencontrarse con algún familiar, amigo o amiga.

Ana Celia preparaba verdaderos convites, con platos de todas las clases de carnes, víveres, viandas y bebidas, en honor a la Virgen de Las Mercedes.

Después de fallecer, esas actividades mermaron hasta desaparecer. Aunque se dejaron de celebrar las festividades a Las Mercedes, el distintivo familiar seguía siendo la unidad.

Mi madre mantuvo la casa materna como centro de encuentros de quienes por diferentes razones, emigraron hacia otros senderos, incluyendo varios países, mayormente hacia el territorio de los Estados Unidos de América, en el comienzo de la década del año 1960, la cual marcó un cambio radical en el territorio de la República Dominicana.

Quiero detenerme en el poder de la unidad familiar para destacar que en la época de su vida, Ana Celia estuvo aliada con una de las mujeres olvidadas de nuestra comunidad, a la que estoy reivindicando con este relato, *Roselia Díaz Ventura (Doña Chela),* madre de una extensa descendencia en mi pueblo.

Ana Celia y Chela Díaz (tengo pruebas documentales), a pesar de ser mujeres y en su época las mujeres no tenían grandes roles sociales, se atrevieron a enfrentar a militares poderosos, quienes valiéndose de sus insignias y del apoyo

LA MARAVILLOSA MUJER DE UN PUEBLO MOJADO A LA IZQUIERDA DEL MORRO.

del dictador en el poder, Rafael Leónidas Trujillo Molina, despojaron a la fuerza a propietarios de extensiones de tierras en todo el litoral de Guayubín y otros municipios, especialmente en las comunidades de Bohío Viejo, Loma de Castañuelas, Castañuelas, Las Matas de Santa Cruz, Villa Lobo, Villa Vásquez, entre otros pueblos.

Una de las grandes víctimas de esos infames despojos fue José Emilio de Mena, padre de mi abuelo paterno. Y Juan Esteban Peña, así como parte de la familia de Doña Chela. La familia Peña Díaz procreada por esa insigne ciudadana de mi comunidad, tiene fuerte presencia en Guayubín y en pueblos de la línea noroeste.

Esas dos mujeres, a las que yo califico como heroínas, enfrentaron el poder. Gracias a ellas, el mismo Trujillo intervino. Finalmente, se concretizaron los abusos, aunque a las familias Mena, Belliard, Díaz y Peña se les dejaron en posesiones de extensiones de terrenos, a los que luego el tribunal de tierras de entonces tituló.

Muchos no saben de los riesgos asumidos por esas dos mujeres, a las que rindo honores con este relato; dos mujeres exitosas de mi comunidad.

La unión familiar fue una de las claves de esos éxitos, debido a que se unieron varias familias, quienes hasta costeaban los viajes al tribunal de tierras de Santo Domingo o al propio palacio presidencial, para que esas valientes mujeres defendieran los derechos de sus familias.

Tuve el honor de conocer a Mamá Chela como le decían sus hijos y familiares. Era una mujer que solo era pequeña de estatura. Con un corazón valiente y una actitud de guerrera, parecida a mi madre, en otras lides de la vida.

Sé que hablar de unidad familiar en unas descendencias numerosas evoca momentos nostálgicos.

Con las investigaciones realizadas a solicitud de mi abuelo pude encontrar algunas de las razones por las que la unión familiar se fue perdiendo con el tiempo.

José Eugenio Belliard, padre de Paula Belliard, la madre de mi abuela Ana Celia, procreó varias familias, muchas de las cuales se encuentran dispersas por todo el país, y en casi todos los municipios de la Provincia de Montecristi.

Tanto José Eugenio Belliard como Telésforo Martínez dejaron familias numerosas, algunas de las cuales mencionaremos en otros escritos, los cuales tenemos en preparación.

Quise evocar la unidad familiar que nos prohijaron nuestros antepasados, porque he visto como descendientes de esos grandes patriarcas, probablemente por desconocimientos de sus historias pasadas, se tratan como si fueran enemigos, no sabiendo que por sus venas corre la misma sangre.

La unidad de familias tiene tanta importancia que muchos historiadores atribuyen el arrebato de territorios conquistados por la España Imperial a partir del llamado Descubrimiento de América, en 1492, a la debilidad en la que cayeron las familias emparentadas en la que aún se denomina la familia real de España, representada por el Rey o La Reina.

En otros litorales, la unidad familiar ha sido el fuerte de países como China o la poderosa y gran comunidad Judía del mundo, esparcida por todo el globo terráqueo.

Judíos, musulmanes, israelitas o ismaelitas tienen como fuerza principal, los núcleos familiares. Las desuniones de familias ancestrales tienen pueblos y sociedades enfrentados por miles de años, lo que ha hecho surgir a personas con enfermedades espirituales o psicosomáticas, las que tienen grabadas en sus subconscientes traumas ancestrales.

En nuestro país es conocida la solidaridad de connacionales provenientes de las denominadas comunidades serranas, quienes se brindan apoyos solidarios en cualquier país al que emigre uno de sus familiares.

Esa unión familiar entre nosotros se ha perdido grandemente. Gracias a Dios se mantiene en amplios núcleos actuales. Mi madre murió respetando esa unidad. Se mantuvo al frente de la casa materna, con la idea de que esa casa se debía mantener como símbolo de la unidad que mamá Ana Celia y el Viejo Berto nos legaron.

La humanidad, y nuestro país no escapa al impacto del influjo negativo de las desuniones familiares, como resultado del aceleramiento de cambios mentales y de nuevos paradigmas globales, corriéndose una loca carrera, en la que el relativismo, el hedonismo y el yoísmo echan raíces en las nuevas generaciones, ha entrado en malas prácticas por esas desuniones.

Mantener familias unidas o pueblos unidos en propósitos comunes, deberán ser los valores a adoptar en gran parte de la humanidad para evitar que quienes crean una carrera contra todo el que se les cruce por el medio, encuentren donde detenerse.

La unidad de las familias es sumamente importante, aun cuando parejas, miembros o miembras de las mismas, se distancien, por las razones que sean.

En honor a mi madre, mantengo el valor de la unidad y el respeto de familiares cercanos o lejanos, como una hermosa divisa de sus recuerdos.

Están vivos en mis recuerdos, la costumbre de Mamá Ana Celia de juntar a todas las nietas, nietos, criados propios o ajenos, al momento de las comidas. Nos colocaba alrededor de una gran mesa.

LA MARAVILLOSA MUJER DE UN PUEBLO MOJADO A LA IZQUIERDA DEL MORRO.

En medio de las investigaciones documentales, con el fin de darle fuerza probatoria a lo que se dice en esta obra, encontré el libro *"Santiago a Principios de Siglo", del Dr. Pedro R. Batista C.,* una verdadera joya de obra literaria.

En ella entendí de dónde venía la costumbre de la abuela. En la página 186 de la obra, dice el autor: "Había una regla lamentablemente ya en desuso en gran parte de las familias dominicanas y que era la misma y se seguía igualmente en el campo y la ciudad, entre ricos, acomodados y pobres, y en todas las clases de la sociedad. Era sentarse todos juntos los miembros de cada familia, alrededor de una mesa, tendida por un limpio mantel, a las horas y en ocasión de comer."

El autor de la obra destaca que esa era una buena manera de los padres para orientar a sus vástagos, perfilando los pensamientos entre mayores y menores de edad, lo que influiría en la posibilidad de comportamiento civilizado, fuera de los delitos y malas costumbres.

La vida de estos tiempos ha cambiado radicalmente. Aún existen familias que son capaces de juntarse en veladas de fines de semanas, para compartir y celebrar la vida, con unidad y amor fraternos.

Fuera de las celebraciones de la Cena de Navidad o Nochebuena, los 24 de diciembre de cada año, la mayoría de las familias se les dificulta juntarse a compartir los parabienes de la vida en unidad.

Voy a terminar este relato, con las palabras del Papa Francisco, máximo representante de la iglesia católica, un prelado que ha venido a introducir importantes cambios en la feligresía católica, apostólica y romana. Este gran Papa quiere erradicar los prejuicios y las divisiones del mundo cristiano. Aquí va lo que dijo sobre la familia. Lo puse en mi muro de Facebook. Lo repito en esta obra.

Cito:

"Espectacular mensaje del Papa Francisco".

"No existe familia perfecta. No tenemos padres perfectos, no somos perfectos, no nos casamos con una persona perfecta ni tenemos hijos perfectos. Tenemos quejas de unos a otros. Nos decepcionamos los unos a los otros".

"Por lo tanto, no existe un matrimonio saludable ni familia saludable sin el ejercicio del perdón. El perdón es vital para nuestra salud emocional y sobrevivencia espiritual. Sin perdón la familia se convierte en un escenario de conflictos y un bastión de agravios. Sin el perdón la familia se enferma".

"El perdón es la esterilización del alma, la limpieza de la mente y la liberación del corazón. Quien no perdona no tiene paz del alma ni comunión con Dios. El dolor es un veneno que intoxica y mata. Guardar una herida del corazón es un gesto autodestructivo. Es autofagia".

"Quien no perdona enferma físicamente, emocionalmente y espiritualmente. Es por eso que la familia tiene que ser un lugar de vida y no de muerte; territorio de curación y no de enfermedad; etapa de perdón y no de culpa. El perdón trae alegría donde un dolor produjo tristeza; y curación, donde el dolor ha causado enfermedad". Papa Francisco

No agregaré ni quitaré una sola palabra a estas sabias orientaciones del sumo pontífice de la iglesia, continuadora de la iglesia de Jesucristo.

Relatos 12:

Final Feliz de los Relatos: Consomé de Enseñanzas.

En uno de los relatos de esta obra, hube de establecer que decidí escoger entre la novela o la crónica, para poder plasmar lo que fue una verdadera escuela permanente al lado de mi santa madre, durante sus exitosos 97 años y más allá, debido a que sigo descubriendo piezas de su legado, como tendré a bien escriturar en la obra puesta a mi cargo por el abuelo materno, el viejo Berto, con la genealogía del apellido Mena en República Dominicana. ¡Una labor reveladora, transformadora e interesante!

Por esa razón, en mi cuenta de Facebook y en varias páginas y grupos creados por mí en esa red mundial, inicié una especie de adelantos de los contenidos esenciales de esta obra.

Primeramente los llamé ***Daniel Mena Creando Futuro y finalmente, Palabras de Crecimientos o Pacres adelantadas.***

Guardando el paralelismo de las obras, al finalizar estos relatos, vuelve a sucederme, lo que me hace sentir inmensamente feliz, algo muy parecido al cerrar el que creí el capítulo final de mi novela La Marca de los Ángeles.

Una vez cerrados los capítulos de esa novela, entendí haber terminado una labor para la que había esperado más de 10 largos años, creando títulos, hasta que encontré el que visualicé impactaría a los lectores y lectoras. Los personajes de Patrick Morales y Aranna Pulido de la Toscana, hicieron nacer las más profundas reflexiones de la novela publicada, cuyo estreno mundial se hizo en uno de los salones del Gran Teatro Regional del Cibao, a casa llena, en un lanzamiento dual, de literatura y pintura, con el autor y el maestro Claudio Pacheco, como protagonistas principales, mezclándose el arte visual con la obra escrita al mismo tiempo.

Llamé diosidencias a muchas de las cosas sucedidas para el montaje de aquella obra. Voy a decir que de nuevo se han producido diosidencias.

Una de ellas se produce al momento de poner en varias manos el manuscrito final de esta obra, el cual ha quedado fortalecido, en razón de que como escritor sin ataduras, siempre dejo abierta la posibilidad de enriquecer lo que escribo, si recibo sugerencias o informaciones importantes, antes de poner los puntos finales.

Estos relatos 12 son el resultado de tener ventanas abiertas, para canalizar las corazonadas e incluir las sugerencias de personas que siguen y observan nuestro devenir.

En mi cuenta de Facebook anoté palabras cónsonas con los contenidos de esta obra, decidiendo acoger muchas de las observaciones hechas.

En Daniel Mena Creando Futuro creé la génesis de esta obra, como pueden comprobar en ella.

Para que comprueben lo que he dicho, voy a empezar a extraer una buena cantidad de reflexiones de esa cuenta para que esta obra quede definitivamente terminada.

Las citas que haré no serán en órdenes de fechas, sino ajustadas a temáticas tratadas en los relatos.

En Daniel Mena Creando Futuro, titulé una reflexión como "Percepción.". En ella dije, citando a Enric Corbera, lo siguiente: "Todos los problemas que percibimos afuera en realidad están en nuestra mente. Cuando nos proyectamos hacia fuera y dejamos de reconocer la relación que existe entre nuestra mente y lo que nos ocurre, entramos en una ilusión en la que nos sentimos separados de todo lo demás".

"A través de esta experiencia tendrás la posibilidad de comprender la vida desde una perspectiva distinta, en la que tú eres el principal responsable de las situaciones que experimentas". "Tu percepción es siempre una interpretación" Enric Corbera.

Ese autor experto en una nueva temática denominada Biodeprogramación, me ha servido para entender mejor las enseñanzas de estos relatos.

Antes de citar a Corbera, había escrito sobre la programación y la perfección, estas palabras: "Si crees que no te equivocas o te has equivocado alguna vez, probablemente no estés viviendo o tengas vendas en tu mente o talvez crees que eres perfecto o perfecta. Si es esto último, no hay remedio, ni forma de cambiar o evolucionar. Lo que creemos de nosotros mismos, tiene la capacidad de crear la realidad. Por eso, lo han dicho de diversas formas, escritores de obras de crecimientos, las cosas no son como son; son como somos".

No caben dudas de que estas palabras refuerzan los contenidos de varios de los relatos anteriores.

LA MARAVILLOSA MUJER DE UN PUEBLO MOJADO A LA IZQUIERDA DEL MORRO.

Sobre la palabra Realidad, también escribí, lo siguiente: "En muchas ocasiones, no se trata de entender la realidad, sino de entender tu realidad. Lo que vemos allá afuera, por razones diversas, puede estar condicionado a lo que tenemos o sentimos por dentro".

"Llegar a ese nivel de autoconocimiento nos puede costar toda una vida. Millones de personas han muerto y seguirán muriendo creyendo que los problemas de sus vidas tienen orígenes externos".

Como he dicho en otros relatos, mi madre siempre entendió que era a ella y a nadie más a quien le tocaba enfrentar la vida, sin importar qué o cuáles fueran las circunstancias.

El 28 de mayo del 2016, en Daniel Mena Creando Futuro, referí algunas palabras sobre La Perfección, de la manera siguiente:

"La reflexión más sencilla, talvez profunda, para entenderme y entender a los demás, me la he encontrado en los primeros cinco libros de La Biblia, llamados La Toráh, El Pentateuco. Es esta: ¨Cada universo material, en lo que toca a nosotros, cada ser humano tiene la semilla de la PERFECCIÓN sembrada en su ADN, siendo esa perfección un estado mental, más que una realidad tangible¨. Por esa razón, nunca dé consejos a quien no los pide. El mejor de los economistas puede ser el peor consejero para arreglar un país, si ha sido incapaz de resolver su propia economía. Sin embargo, él se va a seguir sintiendo ser el mejor. Igualmente, quien cae en el alcoholismo no tiene problemas, según él. Esos problemas los tienen los demás que no aceptan su situación. En los dos casos mencionados, opera la misma máxima: MENTALMENTE NOS CREEMOS PERFECTOS. ¿Cuándo se rompe ese círculo mental? Busca tu CAIN, tu ABEL tu EVA, Tu ADÁN dentro de ti. Cuando lo descubras, eliges ser TÚ, teniendo como norte el nombre más poderoso de toda la creación: JESUSCRISTO. ¨

Créanme al decirle que esas enseñanzas no vienen de mis estudios, sino del hogar materno. En la niñez y la adolescencia no estaba tan consciente de esas enseñanzas, como he dicho anteriormente.

Una de las claves del éxito de mi madre estuvo ahí: Nunca renunció a ser ella misma.

Ampliando un poco más esas reflexiones, puedo decir que leyendo los pasajes del Génesis de La Biblia encontramos las fuerzas atávicas de no admitir nuestros errores, puesto que al final de todo, Adán y Eva terminaron culpando al mismo Dios de sus errores, generando lo que he llamado los complejos de Adán y Eva, transmitidos de generación en generación.

Las personas y los pueblos que son capaces de detenerse a auto examinarse, sin terminar auto flagelándose, reconociendo haber torcido los propósitos del creador del universo, son los que han servido y sirven de modelos para perfeccionar la evolución espiritual del planeta.

¿Cómo se sienten los pueblos cuando suenan tambores de guerras o cuando algún ser humano es capaz de atacar a sus semejantes, usando la violencia?

¿No se respiran aires distintos, si vemos a naciones enfrentadas sentarse a dialogar, abandonando sus planes de destrucciones?

Llegando a la parte centrar de este último resumen, destaqué en mi madre, el hecho de que no tuvo en su existencia episodios de maldad, sin que crean que ella disfrutó una vida color de rosa.

Si no abrigó maldad, fue porque en su mente, en su alma, en su corazón y en su espíritu supo guardar sentimientos positivos, sin albergar odios.

En Daniel Mena Creando Futuro, hice una cita de un trabajo publicado por el amigo, hermano y periodista de Santiago de los Caballeros, Ricardo Santana Peña. Al decidir el final de estos relatos, encontré atinadas esas palabras, como refuerzos de las mías.

Ricardo llamó a su escrito *"Los Demonios a Evitar."* Lo dijo de esta manera:

"Estos son los siete demonios que persiguen a los seres humanos y que tenemos que evitar: 1).-La envidia. 2).-La violencia. 3).-La Avaricia. 4).La Ambición. 5). La lujuria. 6).-El orgullo. 7).-La maldad con su traición". (Periodista Ricardo Santana Peña, publicación en Facebook del 15 de enero del 2018).

Incluye el amigo Santana Peña a varios de los que la iglesia católica, apostólica y romana llama "Pecados Capitales."

Estos relatos de Doña Negra revelan que podemos ser capaces de vivir la vida, evitando esos denominados demonios a los que se refiere el periodista, debido a que para nadie es un secreto que las armas por sí solas no son dañinas; dañinos son los efectos provocados por las personas, las naciones o los pueblos con sus usos. Se quiera admitir o no, esos demonios descritos por Santana Peña nacen, se desarrollen y mueren en las mentes de las personas.

Al iniciar estas últimas palabras hablé de las diosidencias y el paralelismo al momento de terminar la novela La Marca de los Ángeles y esta obra.

Quienes hayan leído la novela o la lean después de terminar esta obra, encontrarán esas diosidencias, las que me llevaron a estudiar los resultados vivir o saber vivir, con problemas ancestrales de la humanidad, siendo LAS VIOLENCIAS el tema central para la permanencia de la evolución espiritual de las personas y la supervivencia del planeta.

LA MARAVILLOSA MUJER DE UN PUEBLO MOJADO A LA IZQUIERDA DEL MORRO.

De estas palabras nacen mis reflexiones finales, guardadas en la sección de Facebook Daniel Mena Creando Futuro, las cuales mantuve inéditas hasta este momento que empiezo a enunciarlas.

De más está decir que el ejemplo de doña negra sería lo ideal para tener personas, familias, pueblos y naciones descontaminadas de las violencias lacerantes y perturbadoras de la convivencia humana.

En ese sentido, preparé pequeños subtítulos para tratar las violencias en sus diferentes manifestaciones.

En la indicada sección de mi cuenta, hablé de las violencias, usando las palabras SOBREVIVIENTE-VIVIENTE. Dije:

"Cuando eres un viviente o sobreviviente del odio, los resentimientos o el desamor, en ti o en los demás, hay huellas que solo el perdón mitigará".

"En cambio, si sobrevives o vives a causa del amor, sentirás fuego en tu corazón y ese fuego hará arder otros corazones, haciendo cenizas los resentimientos, las iras o los odios, aunque hayan sido sembrados dentro de tí por generaciones pasadas".

"He identificado varios tipos de odios. A saber:"

"_*Aprendemos a odiar.* Lo que implica que hay personas que esparcen odios y hasta enseñan cómo odiar a otros. Los motivos alegados pueden ser variados, siendo los de orden religioso lo más comunes. Algunos han dado lugar a lo que en las ciencias sociales se les llama Fundamentalismo".

"_*Nos enseñan a odiar.* En igual sentido, el mundo tiene escuelas para enseñar odios, siendo los odios raciales, xenofobias, las discriminaciones, las mentiras, entre otros, las herramientas usadas".

"_*Decidimos odiar.* Odiar es un sentimiento. Por lo tanto, requiere de una serie de acciones conscientes de las personas. Podemos tomar decisiones encaminadas a erradicar los odios. La excepción para dificultar la decisión es cuando esos odios vienen en nuestra programación neurolingüística, cerebral, emocional y espiritual".

"_*Traemos odios ancestrales.* Lo dicho anteriormente se aplica para estos tipos de odios. Son los más difíciles; los más catastróficos y los que han creado y seguirán creando desgracias universales, nacionales, familiares o personales".

"_*Generamos odios emocionales.* Este tipo de odio se genera por palabras, acciones, tramas deliberadas o no. Generalmente se apoyan en explotar las creencias, las imágenes y los sentimientos homólogos del odio en los subconscientes de las personas, desmembrando los antípodas del mismo odio".

"_*Absorbemos odios.* Este es uno de los peores venenos para las personas. Esta es una forma de programarnos negativamente. Los medios de comunicación en todas las sociedades actuales, expanden y hacen que las personas, usuarias de ellos, absorban muchas negatividades".

(Jürgen Klarić ha dicho que una de las razones por las que las personas hacen cosas que van en contra hasta de la propia salud, es porque hay una parte de nuestro cerebro que le encanta el peligro o nos lleva a consumir lo que nos hará daños)

Sin ser irreverente con las palabras de este nuevo científico al servicio de la humanidad, entiendo que ***"Los odios o el odiar es también parte de esa naturaleza humana que nos indica que sus efectos son dañinos y aun así, algunos seres humanos anidan esos malos sentimientos en sus interiores."***

Unos de los propósitos de mis obras literarias, van de la mano con las prédicas de ese autor, quien dice que: CITO:

"No me cansaré de trabajar apasionadamente educando y promoviendo un cambio de actitudes y de valores para ayudar". Dice este neurocientífico en una de sus tantas páginas), considerado entre los 10 mercadólogos más influyentes en el mundo, escritor de dos "Best Seller's" de editorial Planeta.

Deshacerse de los odios siempre será una decisión personal, como sentimiento negativo, debido a que cada sentimiento humano nace de un proceso, en el cual está el pensamiento, la palabra, la aceptación, la creencia, la convicción. La acumulación emocional.

El proceso de sentir es más rápido (algunos los definen de automático, instantáneo), cuando es el resultado de informaciones alojadas en el subconsciente, las cuales ocupan la mayor parte de nuestra vida emocional, por lo que los sentimientos generados desde la parte subconsciente requieren de algo más que una simple decisión.

¿Qué hacer, entonces?

No hay de otra que no sea iniciar nuestro propio proceso de cambios, el cual debe tener como norte principal estas palabras: Desaprender. Identificar. Decidir. Buscar. Cambiar hábitos. Tomar decisiones. Romper paradigmas y programaciones. Confrontarse a sí mismos.

Elegir expertos. Aprender de los liberados. Liberarse. Adoptar nuevos paradigmas.

Si logré llegar hasta el final de esta obra fue porque decidí emprender mi propio camino hacia la libertad, encontrando en el legado de mi santa madre la mejor y primaria herramienta de liberación, sanación y felicidad.

La iletralidad de mi madre me demostró que no hay personas más inteligentes que otras. Cada ser humano es una enciclopedia universal. Si buscas, encuentras, dice La Biblia. Lo más sorprendente es que las soluciones a muchos de nuestros nudos emocionales, personales o espirituales, se encuentran al alcance de todas las personas. No hay computadora humana más perfecta para encontrarnos a nosotros que nuestro corazón y nuestra mente. (Mente no es igual a Cerebro, como erróneamente cree la mayoría de personas).

La Mente Humana está formada por miles de millones de conexiones conocidas y desconocidas, las cuales van más allá de nuestro propio cuerpo. El ADN, no el Cerebro, es el centro para esas conexiones.

No se sorprenda si en cualquier momento de la vida (sin importar la edad que tengas), descubre que dentro de ti mismo o ti misma, tenía las respuestas a interrogantes que golpeaban tu mente. Solo que esas respuestas las va a encontrar cuando tengas los ojos abiertos; esos ojos en nada los confundan con la vista como órgano visual.

Para ampliar las palabras anteriores de mirar o tener los ojos abiertos, nos permitimos citar al evangelista, pastor y escritor fallecido Dr. Myles Munroe, quien en la recomendada y obra betseller *"Los Principios y el Poder de la Visión",* el prefacio de la misma donde nos dice:

"La visión es la fuente y la esperanza de la vida. El más grande don dado jamás a la raza humana no es el de la vista, sino el don de la visión. La vista es una función de los ojos; la visión es una función del corazón. "Los ojos que miran son muy comunes, pero los ojos que ven son muy raros". Nada que haya sido noble o digno en la tierra, jamás ha sido hecho sin visión. Ningún invento, ningún desarrollo y ningún gran logro jamás han sido realizados sin el poder inspirador de esta misteriosa fuente llamada la visión".

"Las civilizaciones nacieron y fueron desarrolladas a través del poder de un líder visionario. Los anales de la historia se encuentran impresos con la evidencia de la fuerza creadora, retadora de tradiciones que es la visión. Los logros sociales, económicos, arquitectónicos, médicos, científicos y políticos, así como todos los avances, le deben su concepción y nacimiento al poder de la visión".

"Cualquier civilización que se encuentra atrapada en una etapa del pasado, sofocada por las tradiciones de las experiencias pasadas, y sepultada en la tumba de las glorias de los triunfos pasados, está condenada a morir. La visión es la clave para abrir las puertas de lo que fue, y de lo que es, para poder impulsarnos a la tierra de lo que se puede hacer y llegar a ser, y que todavía no existe. La visión te libera de las limitaciones que ven tus ojos y te permite entrar a la libertad de todo aquello que el corazón puede sentir. Es la visión lo que hace que lo invisible se vuelva visible y que lo desconocido se convierta en una posibilidad".

En ninguna otra obra encontré las palabras centrales para poner el punto final de estos relatos. Si leyeron bien las citas, habrán entendido todo el contenido de esta obra. Sin embargo, extraigo las palabras exactas, de la obra de Myles, con las que finalizo. Cito de nuevo:

"La visión es la clave para abrir las puertas de lo que fue, y de lo que es, para poder impulsarnos a la tierra de lo que se puede hacer y llegar a ser, y que todavía no existe. *La visión te libera de las limitaciones que ven tus ojos y te permite entrar a la libertad de todo aquello que el corazón puede sentir. Es la visión lo que hace que lo invisible se vuelva visible y que lo desconocido se convierta en una posibilidad"*.

Esa visión; ese olfato divino; esa cualidad especial fue la que le permitió a mi madre enseñar sin pizarras; corregir sin hablar y permitir ser emulada per saecula et in saecula saeculorum.

Finalmente, en una entrevista magistral hecha al Dr. Deepra Chopra, autor y conferencista mundial de altos quilates, este abordó temas de la vida humana, dentro de ellos El Amor. Dentro de sus libros está *"Las 7 Leyes Espirituales del Éxito".*

Estableció que "San Agustín enfatizó estar enamorado del acto de amar. Y de San Bernardo dijo que El Amor no busca otra cosa más allá de sí mismo. No procura ningún fruto, porque es su propio fruto, resaltando este hombre santo de Dios que el amor es su propio gozo. Por eso, amo porque amo."

Solo el amor y saber amar, permitió a mi madre desarrollar su propia visión de la Vida, viviendo a plenitud como una guerrera del buen hacer y del bien actuar.

Cuando aprendemos a conjugar el verbo Amar, aplicando el Amor como Principio, El Cielo y la Tierra pierden su distancia; las estrellas brillan con todas sus luces y el polvo celestial recobra su grandeza.

FIN.

LA MARAVILLOSA MUJER DE UN PUEBLO MOJADO A LA IZQUIERDA DEL MORRO.

Sobre el Autor.

Daniel Mena nace en la Sección El Pocito, del Municipio de Guayubín, Provincia de Montecristi, en la República Dominicana. Titulado en Derecho en 1988. De 1992 al 1996, estuvo al frente de la Presidencia de la Cuarta Sala de la Cámara Penal del Juzgado de Primera Instancia del Distrito Judicial de Santiago de los Caballeros. En el 2003, se titula de Especialista en Derecho Procesal Civil y Derecho Civil en la universidad del Estado (UASD) en 2003, pasando a ser Magister en esas mismas materias, en el 2012. Antes, en el período 2001-2002 realizó un Diplomado en Derecho Procesal Penal en la UASD.

Docente en la Universidad Para Adultos de Santiago (UAPA), la Universidad Tecnológica de Santiago (UTESA) y en la Escuela Nacional del Colegio de Abogados de la Republica Dominicana. Recientemente fue galardonado como docente fundador de UAPA.

Ha participado en cientos de diplomados, conferencias, entrenamientos, seminarios y convenciones en su carrera de Coach y Networker.

Conferencista mundial del Congreso Internacional contra la Corrupción, Narcotráfico y el Lavado de Activos, organizada por la UASD y la Sociedad Dominicana de Abogados Siglo XXI, en el año 2003, los días 27, 28 y 29 de noviembre en Juan Dolio. Actualmente, se forma como coach internacional.

En cuanto a publicaciones, ha incursionado en distintos tópicos, como son: Novela, cuentos, ensayos, libros de derecho, poesías, entre otros. En 1983 escribió siendo estudiante de la UASD ***«Breve Ensayo sobre El Príncipe de Maquiavelo»,*** inédito, el que le mereció una mención especial de sus profesores. En 1995 publicó su libro ***«Manual Para Defensas Criminales»,*** agotado en su tirada en los primeros dos meses. En 1997 publica su libro ***«La Policía Judicial Procesal»,*** agotada su primera edición. En el 2009 publica su libro «La Policía Judicial de la Republica Dominicana», una segunda edición ampliada de su libro sobre la Policía Judicial Procesal de 1997.

En el año 2010, lanza su primer libro de poesía titulado ***www.asesinosdeplaceres.com,*** homenaje al Poeta de la Brevedad Dionisio López Cabral, fallecido, una tirada limitada, la que espera para publicación en las redes sociales en idiomas españoles e inglés próximamente.

Conjuntamente con otras obras, en un hecho sin precedentes en la historia literaria de la República Dominicana, el autor lanzó al mercado cuatro obras al mismo tiempo. El ensayo: *"Litigantes Acorralados",* su segunda novela *"El Llorón de su Cabrona, La Chiva", La Marca de los Ángeles, versión Amazon y Un Soñador Despierto: Poesías para Extasiarte.* Asimismo, producto de la revisión de esta última, nació *"Las Mujeres de las Redes en el Cancionero de Daniel Mena".*

La novedad de estos lanzamientos vino por el hecho de que las obras llegaron a través de la gran biblioteca mundial de Amazon y pueden ser compradas, desde el mismo momento de sus anuncios, lo que convierte al autor en un escritor de la nueva era de dominios de las redes sociales, sirviendo de ejemplo para autores o autoras dominicanas.

En la feria del libro de su país, en el año 2016, el autor fue el primero en colocar una edición online de su novela La Marca de los Ángeles, creando el precedente para el futuro inmediato en su tierra.

¡Posteriormente a la Feria del Libro del 2018 de República Dominicana, la meta del autor es agregar cuatro obras nuevas en Amazon!

Después del éxito de la primera edición de su celebrada novela La Marca de los Ángeles, llegaron a las redes de Amazon esas nuevas obras del autor, con la seguridad de que seguirá creando nuevos betseller, por los contenidos interesantes de sus escritos, destinados a la parte emocional y espiritual de los seres humanos.

Al igual que La Marca de los Ángeles, el primer relato corto novelado del autor, El Llorón de su Cabrona, La Chiva, reúne todas las características para ser guionado en teatro y cine, debido a que está escrito en un lenguaje universal, ameno y sin rebuscamientos.

Un Soñador Despierto: Poesías para Extasiarte tiene una fuerza enorme en sus palabras, lo que sin dudas, hará renacer los deseos de autores para escriturar obras, en estos momentos especiales de la humanidad donde la vulgaridad, la perversidad, el relativismo y la falta de sustancias parecen dominar las distintas esferas de la Vida a nivel planetario.

Esa obra demuestra que aún es rescatable lo mejor de cada ser humano. Con ella se pone de relieve el arma más poderosa de la que disponen los seres humanos: La Palabra. La Palabra ha construido generaciones; ha destruido y destruye familias, sin importar los niveles de desarrollos de los pueblos. No tiene nada de casualidad que a la obra más influyente del género humano conocido, se le identifica como La Palabra.

LA MARAVILLOSA MUJER DE UN PUEBLO MOJADO A LA IZQUIERDA DEL MORRO.

A pesar de que en épocas distintas, los seres humanos se empeñen en querer autodestruirse, el Hacedor del Universo sigue apostando a su creación.

El autor pondrá en circulación a través de la plataforma de Amazon, este nuevo libro de relatos: **"La Maravillosa Mujer de Un Pueblo Mojado a la Izquierda del Morro",** en la que sintetiza enseñanzas aprendidas de su madre, fallecida, en una entrega de once relatos y un resumen que contiene el título de la obra, cargados de episodios tan emocionantes que tocarán a cada lector o lectora, especialmente quienes hayan tenido madres extraordinarias.

Además, este nuevo relato no viene solo. El autor lanzará una versión creativa de su primera novela, bajo el título de **"La Marca de los Ángeles Pictórica",** con una coautoría del afamado maestro del pincel santiagués Claudio Pacheco, en un recorrido visual de las pinturas creadas por éste.

Se incluirán fotografías de las actividades en las tres exposiciones denominadas **"La Marca de los Ángeles",** basada en la novela del mismo nombre. La Marca de los Ángeles, en su versión Pictórica, es única, hermosa y llamativa.

Para facilitar el contacto con el escritor sus emails son: **Danielmenauasd@gmail.com, Licdanielmena@gmail.com.** Celular 809-915-9180. Facebook: **http://facebook.com/Daniel.mena.33**

OPINIÓN DEL LICENCIADO RAFAEL BUENO.

Querido amigo, tu libro "La Maravillosa Mujer de un Pueblo Mojado a la Izquierda del Morro", es una joya. Es de las pocas joyas que he podido disfrutar en mi vida, en materia literaria.

Muchos escritores escriben poemas, canciones, historias, cuentos. En fin, a todos aquellos que vivimos la lectura, nos agrada leer siempre obras de calidad.

Esa forma como escribiste ese libro tan excelente; esa joya literaria donde se resalta la grandeza de una madre y mayor aun, una madre que se convirtió en madre-padre.

Eso es grandioso. Pocos escritores dedican tiempo en su vida para escribir un recuento tan maravilloso, tan preciso de su progenitora.

Hablar del origen de los apellidos; del origen familiar. Hablar y dar a entender de cómo nace una república, un país, un pueblo, sacando a relucir el morro de Montecristi, otra joya.

Sacas a relucir la familiaridad, el amor, la fraternidad, junto a tantas cosas agradables para un libro que no tiene desperdicios.

Y eso no solo porque es un gran homenaje a doña Negra, a la madre, sus hermanas, hermanos; a los hijos que crio, a los que tuvo, entre ellos el autor de la obra y todos los demás.

Todo aquel que lee la obra siente que el libro no solo le entra en la mente y en el corazón, sino que se queda constantemente dentro de uno. Eso me ha pasado, al leerla.

Tuve la experiencia de leer esta obra, resaltando casi el 80% de su contenido, en sus párrafos, por la importancia que tiene, sacando excelentes aprendizajes de la misma.

He tenido la oportunidad de leer a importantes escritores. Puedo reafirmar que esta obra se puede calificar como EXCELENTE.

Esta obra se ha quedado en mi mente. Ella resalta el origen de la línea noroeste; los pueblos de Guayubín, de Montecristi y El Morro.

En definitiva, encontrarán los lectores en la obra muchas informaciones interesantes, al leer el contenido completo de ella.

LA MARAVILLOSA MUJER DE UN PUEBLO MOJADO A LA IZQUIERDA DEL MORRO.

Al final de la obra, el autor destaca la unión familiar, el amor fraterno, convertida en hermandad.

Es una gran obra. Felicito a su autor y a decir verdad, es un honor para todo el que tenga la oportunidad, como la he tenido yo, de disfrutar de una literatura tan amplia, concisa, expresa, rebosante de expresiones de cariños. Sobre todo, con esmera dedicación a una señora madre, ejemplo para quienes tuvieron la suerte y la divinidad de estar junto a ella.

A ti, Mena, te felicito de nuevo. Esta obra tiene que ser promovida, leída.

Si usted la lee, se va a quedar con ella, en cuerpo y alma, dentro de su corazón.

Éxitos para mi amigo y hermano por esta encantadora obra "La Maravillosa Mujer de Un Pueblo Mojado a la Izquierda del Morro."

Atentamente,

Rafael Bueno, Artista, Abogado, Periodista, Empresario, Productor de Radio y Televisión y de Redes Sociales.

OPINIÓN DEL LICENCIADO MANUEL MIRANDA.

Muy buenas narraciones.

Grandioso. Gracias por compartir la biografía de su maravillosa madre, ejemplo de mujer virtuosa, de quien todos debemos aprender.

Cuando usted narra los antecedentes genealógicos, recordé las mismas causas que me empujaron trabajarle a mi árbol genealógico: ***Romper ciclos de oscurantismos y rencores....***

En eso creo que estoy avanzando. He unido generaciones familiares; destapado misterios, etc...

Ahora tengo nuevos amigos. He ensanchado la familia y hasta he unido familias... Claro, todavía me faltan muchos misterios por resolver, en especial con mis ancestros LOS MIRANDA. Por ese lado tengo la satisfacción de haber unido 2 líneas de la familia Cambier, quienes ahora se tratan como tales.

En el meollo del caso, LAS OBSERVACIONES:

Para evitar confusiones y cansancio en el lector, creo que lo pertinente es separar en 2 la introducción, con una breve semblanza sobre la persona a quien va dedicada la obra y notas autobiográficas con los antecedentes literarios, etc. del autor... En las notas autobiográficas, narrar acerca de lo que te empujó introducirte al mundo literario, las reacciones sobre sus escritos, las anécdotas, etc.

Gran libro y muchas gracias por tan gran distinción a mi persona. Estoy "chibirico"

Atentamente,

Manuel Miranda, Abogado, Escritor, Youtuber, Influencer, Analista Internacional.